U0806634

Die Stellung des Vorsatzes im Strafrechtssystem

阶层犯罪论体系中故意的体系地位研究

朱奇伟◎著

上海人民出版社

目 录

前　言

阶层犯罪论体系的讨论最早产生于德国，而故意体系地位问题的讨论，则早在阶层犯罪论体系产生之时便已开始，至今已有百余年的历史。即便当前德国刑法学界已经普遍认可了故意的双重体系定位的通说地位，但德国的刑法教科书，或者是各刑法评论，如《申科-施罗德刑法评论》(Schönke/Schröder：Strafgesetzbuch Kommentar)《莱比锡刑法评论》(Leipziger Kommentar StGB)等，都仍然会拿出一定篇幅对故意的体系地位问题进行综述。

冯·费尔巴哈(P. J. A. v. Feuerbach)率先提出了刑法的适用条件是绝对的可罚性依据，并将其细分为客观的绝对可罚性依据和主观的绝对可罚性依据。费尔巴哈认为构成要件是客观的绝对可罚性依据，而违反法律的意思是主观的绝对可罚性依据，费尔巴哈的该思想直接影响了古典犯罪论体系主客观绝对区分的理念。但直接影响客观不法、主观责任的区分思路的是冯·耶林(R. v. Jhering)，其在1867年《罗马私法中的过错要素》(Das Schuldmoment im römischen Privatrecht)一书中率先提出将私法层面上的"客观违法性"移植到刑法中来。李斯特(Liszt)在此基础上继续发展出主客观的区分方式，并在教科书中将故意等主观要素归入责任一章。而贝林(Beling)主张故意应当作为责任要素进行教义学检视，其在1906年《无责、有责以及责任的等级》(Unschuld, Schuld und Schuldstufen)一书中进行了详细论证，提出故意不仅是责任的形式，更是责任的等级。

韦尔策尔(Welzel)提出目的行为论的犯罪论体系，对故意的体系地位进行了重新定位与论证，认为故意应当是构成要件的组成部分。韦尔策尔认为，任何犯罪行为都有目的，这其实意味着韦尔策尔把目的与故意进行了混同，该观点与论证在其若干专著中都有体现，其中集中体现在《目的行为论导论》(Das neue Bild des Strafrechtssystems)和《第11版刑法教科书》(Das deutsche strafrecht 11. Aufl.)中。韦尔策尔的观点影响深远，使后来的学者即便回避了故意的定位问题，也依然赞同故意至少是作为不法的要素存在，如兰埔(Lampe)的《人的不法》(Das personale Unrecht)和洛特格(Röttger)的《不法的理由和不法的排除事由》(Unrehcsbegründung und Unrechtsausschluß)。在这部分学者看来，故意在构成要件阶层已经得到了完整的考虑，因此在责任阶层，故意没有存在的可能，也没有存在的必要。尼泽(Niese)则针对故意归属于责任的理由提出了系统性的批判，并对故意应当从属于构成要件作了较为充分的教义学论证。

学界对既存在故意的不法，也存在过失的不法已经没有争议了。但不法与责任两个阶层又应当存在区别，那么已经在不法阶层存在的区别是否也会在责任阶层存在，即是否存在责任故意与责任过失，不少学者仍然不能达成一致意见。古典犯罪论体系对目的行为论体系的批判并非没有道理，完全将故意转移到构成要件阶层，使责任阶层被架空的观点，在后目的行为论时代再次成为学界关注的焦点。加拉斯(Gallas)反驳了拉德布鲁赫(Radbruch)的观点，即一个要素存在于某个阶层，并不妨碍其同时存在于另外一个阶层。因此，加拉斯提出要采用故意双重体系地位，即同时存在构成要件故意和责任故意。加拉斯曾在多篇文章中强调故意双重体系性地位的正当性，尤以其发表在1955年德国《整体刑法学杂志》(ZStW)上的《犯罪论研究的现状》(Zum gegenwärtigen Stand der Lehre vom Verbrechen)和《博科尔曼纪念文集》(FS-Bokelmann)上的《刑事不法概念的结构》(Zur Struktur des strafrechtlichen Unrechtsbegriffs)之论证最为详细,且率先提出故意在不法当中作为行为无价值的载体(Handlungsunwert),而在责任当中,则作为意图无价值的载体(Gesinnungsunwert)。

这种观点得到了学界的大力支持。除了兰埔和洛特格以外,德雷尔(Dreher)在《海因尼茨纪念文集》(FS-Heinitz)中被收录的《关于违法阻却事由的错误》(Der Irrtum über Rechtfertigungsgründe),耶塞克(Jescheck)在1986年的德国《整体刑法学杂志》上发表的《比较法视野下的新刑法教义学与刑事政策学》(Neue Strafrechtsdogmatik und Kriminalpolitik in rechtsvergleichender Sicht)也都论证了故意在不法当中应当作为主观行为意义的载体。齐格特(Ziegert)《故意、责任和预先责任》(Vorsatz, Schuld und Vorverschuld)一书另辟蹊径,先是以动机要素应当从属于两个阶层,来佐证加拉斯"一个要素从属于一个阶层,并不必然导致其被排除出另一个阶层"的观点,着重论述了责任故意存在的该当性,并提出其对错误论的处理意义重大,即故意双重体系性地位在出现禁止错误时,并不能排除故意的不法,而只能排除故意的责任。

国内一般认为故意的体系地位问题只是其他研究的附属问题,比如,认为故意体系地位的不同是行为无价值与结果无价值的对立内容。但是已经有越来越多的学者开始重视故意的体系地位的研究,如劳东燕教授所撰写的《刑法中的客观不法与主观不法——由故意的体系地位说起》,以故意的体系定位为视角,对刑法中主客观之争的历史演变及中国语境之考察作了详细的分析。孙运梁教授所撰写的《故意在犯罪论体系中的归属》对故意的体系地位争议,以及行为无价值与结果无价值争议的立场有着清晰的总结,并提出构成要件的内涵与机能决定故意的定位。蔡桂生教授所撰写的《论故意在犯罪论体系中的双层定位——兼论消极的构成要件要素》一文,也阐述了德国故意双重体系性地位的观点。此外,还有张亚平教授和郑永川博士共同撰写的《故意在大陆法系犯罪构成论体系中的地位》，以及杜国伟博士和姜金良法官共同撰写的《故意的犯罪理论的体系归属再认识》，都探讨了故意的体系定位问题。

我国台湾学者对故意的体系定位也有关注，具有代表性的如李圣杰所撰写的《故意在犯罪论体系中的地位》，以及林钰雄所撰写的《故意的双重定位——以误认阻却违法事由前提事实为例》，着重探讨故意的体系地位对错误论的重要意义。但在更多的学术著作中对故意体系定位问题的研究是以错误论为起点，反向论述故意的体系地位问题。例如，我国台湾学者蔡圣伟所撰写的《“误想防卫”与谈稿》就从正当化前提事实认识错误的角度来考察主观违法阻却要素，在肯定故意是不法要素的同时，还考虑了如何排除责任故意。类似的还有我国台湾学者许恒达所撰写的《论误想防卫》。我国著名学者张天虹教授在《假想防卫：范围、本质与罪过》一文中，也谈到了假想防卫的本质，以及假想防卫的罪过形式问题，从另一个侧面涉及了故意的体系定位问题。

除此之外，在行为无价值与结果无价值的立场之争中，有很多论文都涉及故意的体系定位问题。例如，周光权教授所撰写的《行为无价值论与主观违法要素》《行为无价值论与结果无价值论若干问题研究》，黎宏教授所撰写的《行为无价值论批判》，以及张明楷教授所撰写的《行为无价值论的疑问——兼与周光权教授商榷》等顶尖论文，都对故意作了理论定位的评价。但对故意的体系地位问题并没有提出专章论述，而只是作为其中的附属问题，或者是作为行为无价值与结果无价值对立的内容而作论述。

综上可见，我国刑法学界对故意的体系地位问题越来越重视，研究也越来越透彻。然而，学界对故意的体系定位还是不够重视，故意被认为只是学术争议对立的内容，而未考虑到故意其实才是导致学术争议的发端。将大量的精力用于孤立地讨论争议问题，在一定程度上忽略了故意的体系地位本身首先应当是一个体系性问题，而故意体系地位的变化又反过来导致了一系列的体系争议。有鉴于此，本书从犯罪论体系的角度出发，考察故意体系地位变更的背景与原因，以及由此导致的理论争议，以期在厘清理论争议的基础上，为寻找更合理的犯罪论体系提供另一种思路。

第一章
故意体系地位的问题意识

第一节　我国犯罪论体系的阶层化转向

传统观点认为，我国刑法一直采用平面犯罪论体系，所有构成犯罪的要素都处于同一阶层，不存在逻辑的先后顺序，任何犯罪论体系的要素，包括故意，都没有讨论体系归属的必要性。但目前我国刑法学者对我国的犯罪论体系的态度也分为两种，一种观点认为，因为在“特定的文化背景中生长，并在该背景下从事研究，也可能对自己的理论过于偏爱，因而希望‘维护’现有的犯罪构成理论体系”；另一种观点则认为，“我们也可能由于某种原因，对国外的相关理论产生特别的新鲜感，因而希望尝试‘借鉴’国外相关理论”。[①]但创新也绝非易事，传统的犯罪论体系是否有必要转型是值得思考的。

司法实践中可能会存在一种观点，认为采用何种犯罪论体系并不重要，因此学界对犯罪论体系的争论都没有必要。基于该认识所进行的司法审判有严重的结果主义和功利主义倾向，这也是德日刑法学中对阶层犯罪论体系的自洽性进行严格要求的原因，避免出现理论与实

---

① 张明楷：《犯罪构成理论的课题》，载《环球法律评论》2003 年第 3 期，第 262 页。

践背道而驰的现象。从德国的《联邦法院刑事判例集》可以看出，联邦法院作出每一次最终判决之前，都会先对刑法教义学的各家之言作出点评，将法院赞同的观点采纳为判决理由，对不同意的观点进行点评或批判。这样既为自己的判决确定了教义学依据，为学术的对立选定了立场，同时又为下一轮的争论开辟了空间。与德国司法实践和教义学研究的紧密相连不同，我国的司法实践很少会从教义学的角度对定罪量刑进行解释，这往往使得司法实践架空教义学，使法学家变为“坐谈客”，又使司法实践自身变为无本之木。教义学的任务，是为司法实践提供可选择的理论依据。至于是否可被采纳，或者在司法实践当中是否能够有效地适用，则应当由司法机关在司法实践中去检验。《尚书》有云，“有亡道，则推而亡之，有存道，则辅而固之。王者如此，国乃昌盛”。司法实践与法教义学之间的关系不也是如此吗？面对我国犯罪论体系的转型，我们必须明确平面犯罪论体系的缺点，以考察是否有必要用另一个“舶来品”来替代。

苏俄刑法理论中平面犯罪论体系影响我国刑法理论至今。[①]俄国旧刑法是 1845 年的《沙皇刑法》(zaristisches Strafrecht)，当时的俄国刑法学界认为该部刑法又落后又保守，因为《沙皇刑法》根本不注重个人法益的保护，而只关注针对国家和宗教的犯罪。[②]1903 年沙皇政府尝试对刑法进行改革但未能成功，而十月革命又带来了全新的意识形态。作为第一个无产阶级政府，革命政府在没有一个完整的法律纲领的情况下[③]，又急需处理腐败和投机倒把等犯罪问题。[④]仓促堆砌出的法律纲领过于理想化，而这种理想化的基础又造就了俄国革命中的法律虚

---

① 参见陈兴良:《转型中的中国犯罪论体系》，载《现代法学》2014 年第 1 期，第 63 页。

② Vgl. Foinitzki, in: Liszt(Hrsg.), Die Strafgesetzgebung der Gegenwart Bd.1, 1894, 269.

③ Vgl. Willer, Von der Entstehung eines sozialistischen Strafrecht, in Zeitschrift der Savigny-Stiftung für Rechtsgeschichte, 2011, S.429.

④ 转引自 Willer, Von der Entstehung eines sozialistischen Strafrecht, in Zeitschrift der Savigny-Stiftung für Rechtsgeschichte, 2011, S.428。

无主义思想(rechtsnihilistisches Gedanken)。在持续的战争和国内外的不安定局势下,苏维埃刑法是一种纯粹的"敌人刑法"①,甚至将1903年旧刑法改革中已经认可了的"犯罪(Verbrechen)""违法(Vergehen)"和"品行不端的行为(Übertretung)"都同等视之。

此外,虽然苏维埃刑法规定了犯行举止的违法性是犯罪概念的要素,但是却没有说明,什么样的举止是违法的举止,在分则的构成要件中也没有进一步解释。行为人可罚性的决定性要素并不是行为人的行为符合了构成要件,而是要在个案中考虑行为人及其行为是否对社会有危险,换句话说,行为人可罚性的理由,仅仅是危险性的衡量。除对不法认定十分混乱以外,苏维埃刑法还放弃了传统刑法中责任的概念。因为对无责任的行为人处以刑罚是教义学上所不能接受的,却是当时社会环境的需要。基于这种思考,苏维埃刑法理论一直不信任主观的归责要素,只是把刑法上重要的行为人心理分为故意和过失,纳入主观的构成要件当中。这样一种体系,如果其本意是阶层的犯罪论体系,那么它就是残缺的;如果它是一个平面的犯罪论体系,那么它就是混杂的。苏维埃刑法既规定了构成要件的符合性问题,又强调了违法性,却在把整个责任概念删除的同时,将责任的功能完全消解于构成要件中的可罚性。那么构成要件符合性和违法性是什么关系呢?责任又是什么呢?苏联刑法也意识到了责任概念的重要性,并在1958年的立法中重新收入了责任的概念。②

四要件的犯罪论体系,强调整个犯罪体系应当是一个平面的犯罪论体系。平面犯罪论体系的优点在于简单且易于操作。因为无论四要件之间的考察顺序如何,都不存在逻辑错误。而在这种体系之下,不论是故意、过失还是因果关系,都没有讨论阶层归属的必要性。有学者认为,四要件的犯罪论体系虽然有缺陷,但也不应照搬照抄大陆

---

① Vgl. Willer, Von der Entstehung eines sozialistischen Strafrecht, in Zeitschrift der Savigny-Stiftung für Rechtsgeschichte, 2011, S.430.

② Vgl. Schröder, Grundsätze der Strafgesetzgebung, Staatschutz- und Militärstrafrecht der UdSSR, Berlin: Berlin Verlag, 1975, S.15.

法系的阶层犯罪论体系;①也有学者认为,应当立足于四要件的犯罪论体系,兼采各犯罪论体系之长,形成中国特色的犯罪论体系,为我国的司法实践提供服务;②但是学界的主流观点认为,平面的犯罪论体系缺点明显,不适合继续指导我国刑法发展。陈兴良教授说:“我国刑法学应当对特拉伊宁进行拨乱反正,完成从犯罪构成到构成要件的转换,废弃没有构成要件的犯罪构成,这是我国犯罪论体系发展的必由之路。”③

一、平面犯罪论体系向阶层犯罪论体系转向的必要性

(一) 平面犯罪论体系的构成要素设置不合理

平面式的犯罪论体系是所有要素的总和,包括犯罪客体、犯罪主体、犯罪的主观方面和客观方面。但是在这四个要素中,犯罪主体要素和犯罪客体的设置都不尽合理。比如,犯罪的主体要素,任何犯罪都有主体,主体是犯罪构成的前提,而非犯罪构成的组成部分。我国刑法学所说的犯罪主体不适格实际上就是不具有刑事责任能力,是阶层犯罪论体系的责任阶层的前提要素。在阶层的犯罪论体系中,不具有责任能力否定的是行为人的责任,但其行为在构成要件阶层还是具有符合性的。但运用到平面的犯罪论体系当中,就会产生矛盾,因为如果犯罪主体先于犯罪行为存在,那么任何达到法定责任年龄、具备法定责任能力的人都是犯罪主体;反之,如果犯罪行为先于犯罪主体存在,那么即便行为人没有刑事责任能力,该行为也依然是不法行为。④

再比如,犯罪客体的概念模糊。在讲到犯罪客体的概念时,刑法教

① 参见彭文华:《犯罪构成本原论及其本土化研究——立足于文化视角所展开的比较与诠释》,中国人民大学出版社2010年版,第292页。

② 参见杨兴培:《反思与批判——中国刑法的理论与实践》,北京大学出版社2013年版,第117页。

③ 陈兴良:《四要件:没有构成要件的犯罪构成》,载《法学家》2010年第1期,第30页。

④ 参见陈兴良:《本体刑法学》,商务印书馆2001年版,第214页。

科书经常会强调犯罪客体和犯罪对象的区别，因为两者有很多重合的特征，这正是由于犯罪客体的概念不清晰所导致的。来自苏联的犯罪客体概念其实脱胎于犯罪的实质，并把犯罪的实质认为是类似于法益侵害的某种社会关系。苏联刑法学家皮昂特科夫斯基就曾表示，“只有符合并有利于统治阶级的社会关系才是犯罪的客体”。[①]但即便是苏联学者，在犯罪客体的问题上意见也不完全统一。比如，《苏联刑法总论》对犯罪客体的定义是相应的社会关系和相应的法律规范。[②]可见，犯罪客体概念还受到规范违反说的影响。

（二）正当化事由与犯罪构成的关系不明朗[③]

在阶层的犯罪论体系之下，正当化事由是作为阻却违法性或者责任的要素，因此，正当化事由与构成要件符合性之间是一种递进判断的关系。比如，面对不法侵害，行为人对不法侵害者进行反击，将不法侵害者打伤，或者行为人寻衅滋事，打伤路人。两种故意伤害行为虽然都符合故意伤害的构成要件，但在第二阶层的判断中，第一种情况因为具备正当化事由，因而可以阻却违法性，而第二种情况则具有违法性。但在平面犯罪论体系当中，没有判断的先后顺序，正当化事由究竟与犯罪构成是什么样的关系非常不明朗。平面的犯罪论体系只是表明了成立犯罪的要素，而并没有提及排除犯罪的要素。

如果贯彻平面犯罪论体系，则具备正当化事由时仍然构成犯罪。因为存在正当化事由的情形，无论从犯罪成立的哪个要素来说，形式上都是符合构成要件的。比如，正当防卫，从犯罪主体来说，行为人达到刑事责任年龄，具备刑事责任能力，是适格的犯罪主体；从犯罪客体来说，侵害的也是他人的身体健康权；从犯罪的主观方面来说，行为人具

---

① ［苏联］H. A. 别里亚耶夫主编：《苏维埃刑法总论》，马改秀等译，群众出版社1987年版，第92页，转引自吴念胜：《犯罪客体要件研究》，西南政法大学2007年博士论文，第5页。

② 参见吴念胜：《犯罪客体要件研究》，西南政法大学2007年博士论文，第6页。

③ 参见曲伶俐：《三阶层犯罪论体系的理论检视与合理借鉴》，载《求索》2011年第5期，第141页。

有侵害他人身体健康的主观故意；从客观方面来说也确实存在侵害他人的行为。那么正当防卫就不是犯罪构成的阻却要素，而只能是犯罪构成的要素。

在平面的犯罪体系中，正当化事由也不能作为犯罪构成的并列或者递进要素，否则平面的犯罪论体系就变为阶层的犯罪论体系，而丧失了平面性的特征。因此，学界更多的观点是将正当化事由与犯罪构成作为并列的要素，即犯罪行为的成立不仅要求作为积极要素的犯罪构成，还要不具有消极要素的正当化事由。但是这样一来就违背了我国“犯罪构成是犯罪成立与否的唯一判断标准”之原则。因此，在平面的犯罪论体系中，正当化事由与体系的矛盾不可调和。

（三）无法防止逻辑跳跃，不利于检验个案

阶层的犯罪论体系由于采取层进式的考察方式，因此，对于在构成要件阶层就能够排除的行为，就没有必要再考察其违法性；具有违法阻却事由的情形，就没有必要再考察其是否具有责任。这不仅在节约有限的司法资源方面具有十分重要的意义，还能避免在刑事案件的定罪过程中出错。①

但平面的犯罪论体系并不能防止逻辑跳跃所带来的错误。陈兴良教授对此举了一个十分具有代表性的例子：李某纵火案。李某因与工厂主管发生矛盾，为报复主管，对工厂仓库纵火后潜逃。在救火过程中因风向突变，导致两名消防员牺牲。②对此，控辩双方和法院都有不同的观点：被告人认为，自己的纵火行为与消防员的死亡结果之间不具有因果关系；检方则认为，被告人对消防员的死亡结果存在放任的心理态度，应当承担刑事责任；法院最后认定消防员的举止完全符合救火规范，本身没有过错，因此，责任仍然应当归属于被告人。③陈兴良教授对该案检察院的公诉、被告人的辩解和法院的判决的点评尤其能体现阶层犯罪论体系的优越性：被告人主张与消防员死亡结果之间不具有因

①②③ 参见陈兴良：《转型中的中国犯罪论体系》，载《现代法学》2014年第1期，第69页。

果关系，乃是因果关系的问题，属于构成要件的范畴；检方所主张的心理态度乃是主观的责任故意是否成立的问题；法院以被害人没有过错为出发点，否定过错结果应当由被害人自我答责，从而可以肯定被告人与被害人死亡结果之间的因果关系，并且认定了被告人放任的心理态度。①三方考虑的出发点完全不同，检察院主张的心理态度，应当以肯定被告人与死亡结果之间具有因果关系为前提。如果采用平面的犯罪论体系，不考虑是否存在因果关系，而直接考察行为人是否具有主观上放任的心理态度，无疑是逻辑的跳跃，容易造成判决结果的非正义。②

（四）不能区分违法阻却事由和责任阻却事由

无法区分违法阻却事由和责任阻却事由，就无法帮助刑事政策因事制宜。③同样是致人死亡的结果，正当防卫导致他人死亡的，就属于违法阻却事由，行为是合法的；而杀人者不具有刑事责任则属于责任阻却事由，行为人虽然不承担责任，但是行为依然是违法的。尤其是在更为极端的情形下，阶层犯罪论体系的优势更加明显。比如，对不具有刑事责任能力的人的侵害行为能否进行正当防卫？

阶层犯罪论体系认为，不具有刑事责任能力的人实施的犯罪行为

---

① 参见陈兴良：《转型中的中国犯罪论体系》，载《现代法学》2014 年第 1 期，第 69 页。

② 至于最后被告人是否应当受处罚，陈兴良教授援引了德国罗克辛（Roxin）教授的观点，即失火导致消防员牺牲的，由于确定的职业承担着在自己职权范围内的职责，以一种局外人不应干涉的方式，对消除和监督危险的渊源负责。这样一种职权分配在刑事政策上的意义应当是解除第一引发人的责任。不过笔者认为，这里引用这个案例并不合理，因为罗克辛教授所说的问题在德国刑法学上被称为“回溯禁止”，即过失地参与到第三人故意、过失或者自我答责的行为中，第一引发人不承担刑事责任的情形。可以参见 Diel, Das Regreßverbot als allgemeine Tatbestandsgrenze im Strafrecht, Frankfurt, Berlin u. a.: Peterlang Verlag, 1997, S. 195. Naucke, Über das Regreßverbot im Strafrecht, in: ZStW, 1964, S.409。国内也有学者对回溯禁止理论作出过介绍，参见何庆仁：《溯责禁止理论的源流与发展》，载《环球法律评论》2012 年第 2 期，第 34 页。德国有很多学者论述该问题，不过大多数的学者对回溯禁止持否定的态度，主张以其他理论来分解回溯禁止问题。在此，基于表述的简单明确，笔者仍然采用了回溯禁止理论的表述。

③ 参见张明楷：《犯罪构成理论的课题》，载《环球法律评论》2003 年第 3 期，第 264 页。

也依然具有违法性，针对有违法性的行为当然可以进行正当防卫。但是，对正当防卫者的行为就不能进行正当防卫。例如，甲乙两家素有矛盾，甲子（13岁）因琐事与乙发生争吵，激愤之下，拿刀杀乙，乙为了保护自己的生命法益不受侵害，对甲子进行正当防卫，甲子力不支，甲护子心切，为了甲子的生命法益对正当防卫者乙进行防卫。那么在此种情况下，根据阶层的犯罪论体系，由于甲子的行为是不法侵害行为，乙的防卫行为就是正当的行为，甚至可以说是乙的权利①，因此，乙的行为被阻却了违法性。又因为乙的行为不具有违法性，所以在甲对乙进行防卫但侵害乙的生命健康法益时，并不存在乙的不法侵害行为，所以不满足正当防卫的前提条件。因此，如果甲子的行为造成了乙受伤或者死亡的结果，那么甲子因为不具有刑事责任能力，而不承担刑事责任；如果乙的行为造成了甲子的身体健康法益或生命法益造成损害，因为乙的行为根本就不具有违法性，所以乙并不需要为此承担责任；但是，如果甲的行为造成了乙受伤或者死亡的结果，甲的行为依然需要承担责任，因为乙的行为不具有违法性。

如果贯彻平面的犯罪论体系，就没有办法区分违法性阻却事由和责任阻却事由。在面对类似复杂的问题时，到底应不应该处罚，立法者没有办法从法理上为刑事政策说明理由，而只能从普通民众的法感情上着手。但即便如此，结论也可能不甚合理。

（五）对认定犯罪的逻辑指导意义不足

犯罪构成要件之间应当存在一种符合人们思考习惯的逻辑关系，帮助司法人员在实践中梳理纷繁复杂的要素。但是我国的四要件犯罪论体系是一个一体化的犯罪论体系，构成要件之间不存在逻辑关系。各构成要件的排列顺序实际上只是一种理论上的表述，在说理中将这种排列的顺序前后颠倒也没有影响。当然，在司法实践当中，也没有一个所谓的逻辑顺序的特殊要求。换言之，这样的犯罪论体系使得我们

---

① 参见张明楷：《犯罪构成理论的课题》，载《环球法律评论》2003年第3期，第264页。

的司法实践在认定犯罪的过程中，根本不存在犯罪构成要件之间的位阶关系。①

如果各构成要件不存在前后顺序的关系，那么对任何一个案件的认定，都需要将所有的要素一股脑地塞给司法工作人员，由司法工作人员进行筛选，哪些要素是构成要件所需要的，哪些是刑法上不重要的要素，还有哪些虽然符合构成要件，但似乎存在正当化事由的情形。陈兴良教授曾总结我国的犯罪构成所具有的六大特征："(1)犯罪构成是主观要件与客观要件的统一；(2)犯罪构成是事实评价和规范评价的统一；(3)犯罪构成是刑事违法性和社会危害性的统一；(4)犯罪构成是形式违法性和实质违法性的统一；(5)犯罪构成是客观危害与个人责任的统一；(6)犯罪构成是评价过程与评价结论的统一。将这么多的内容统一于犯罪构成，必然带来消极后果。"②因为，平面化的犯罪论体系看似十分完备，但正如《孙子兵法》所云，"备前则后寡，备后则前寡……无所不备，则无所不寡"。面面俱到的犯罪论体系实际上没有办法真正对司法实践进行指导，因为不能为纷繁复杂的司法实践作出预先的筛选，过滤出那些在刑法上不重要的要素，化繁为简。犯罪论体系如果不具有筛选的功能，没有先后的侧重点，那么这种犯罪论体系就不具有指导功能。

还有一种观点与前一种观点截然不同，认为我国的犯罪认定也存在逻辑顺序，即从犯罪客体到犯罪客观要件，再到犯罪主体，最后考察犯罪的主观要件。首先发现客体遭受侵害，才能去判断是否是人的行为，其次再考察该行为人是否达到责任年龄，是否具有责任能力，在确定了该行为人是完全行为能力人时，最后再查明行为人行为时是具有故意还是过失的心理态度。我国刑法学界的通说认为，这样的逻辑顺序符合犯罪的认定过程，即从发现犯罪到认定犯罪的认识规律。③也有

① 参见陈兴良：《论犯罪构成要件的位阶关系》，载《法学》2005年第4期，第3页。

② 参见陈兴良：《四要件：没有构成要件的犯罪构成》，载《法学家》2010年第1期，第28页。

③ 参见高铭暄、马克昌：《刑法学》，中国法制出版社1999年版，第105—106页。

学者认为，四要件的犯罪论体系的逻辑顺序应当是从客观方面到客体，再到主体和主观方面。但已经有学者指出，出现这种分歧最主要的原因是平面犯罪论体系存在无层次性的固有缺陷。①即便肯定两种观点在逻辑上都是恰当的，两种观点也仍然存在问题，即没有区分对事实的调查和对构成犯罪的认定两个阶段。正如德国古典犯罪论体系对教会法的批判一样，平面犯罪论体系强调的也是从犯罪到行为人之间的关系，而不是犯罪行为与犯罪构成之间的关系。那么，我国的犯罪论体系的思考过程实际上就是一个完整的调查过程，即这种逻辑认定顺序与教会法的认定顺序基本一致，也是先对犯罪进行一般性的调查，最后考察是否能对行为人进行归责。那么法官也就既承担了检察官的职责，又承担了法官的职责，既行使调查职能，又行使审判职能。因此，如果法官在调查阶段已经得出了有罪的结论，在先入为主的成见之下，很难会在第二阶段否定自己的调查结果。而且，如果认为平面的犯罪论体系中也存在逻辑顺序的话，那么平面的犯罪论体系就不再是平面的了，而是同样具有阶层的性质。

二、阶层论转向中所存在的问题

平面的犯罪论体系面临转向，学界对阶层要素的考察顺序有着不同的看法，既有坚持“从犯罪客体到犯罪客观方面，再到犯罪主体，最后是犯罪主观方面”的考察顺序，也有坚持“从犯罪主体到犯罪的主观要件，再到犯罪客观要件，最后考察犯罪客体”的观点。平面犯罪论体系阶层化的思考，体现了我国对阶层要素体系定位或者是阶层要素判断顺序上面临的困境。

有学者主张，我国的四要件是对犯罪论体系不完整的细化，应当缩减为客观构成要件和主观构成要件两个阶层。也有学者主张，犯罪论

---

① 参见曲伶俐：《三阶层犯罪论体系的理论检视与合理借鉴》，载《求索》2011 年第 5 期，第 141 页。

体系的改良应当将犯罪论体系分为构成要件和责任[①]两个阶层。[②]表面上看，这两种犯罪论体系的分类并无关联，是两个各自独立的标准。但实际上两种犯罪论体系都是对德国犯罪论体系细致研究后得出的结论，即这两种分类方式都坚持了德国古典的犯罪论体系的客观不法、主观责任的分类标准。究其原因，一是古典犯罪论体系较早地引入我国；二是古典犯罪论体系客观不法、主观责任的分类方式较为清晰，有利于司法判断。而且，苏俄刑法理论同样接受了德国古典犯罪论体系的观点，因此，在犯罪论体系转型的伊始，这种古典的犯罪论体系更能为我国所采纳，也确实取得了巨大的影响。

但是，古典犯罪论体系取得的巨大影响，再次反映了我国犯罪论体系转型过程中，阶层要素体系定位所面临的窘境，即客观要素与主观要素如何定位。对于客观要素的体系定位，国内外都已经没有争论，即客观要素可以决定不法。不管是传统的平面犯罪论体系，还是新近舶来的古典犯罪论体系，都强调客观要素对不法的决定性影响。古典犯罪论体系直接将犯罪论体系分为客观不法、主观责任，这更不必多说。我国传统的平面犯罪论体系同样过于注重客观，甚至导致在很多情况下，以客观结果来认定行为人的主观是否成立。例如，在行为人故意伤害致人死亡的情况下，很多时候会以客观上被害人死亡的结果来认定行为人是故意杀人的故意，而非行为人本身的故意伤害的故意。换句话说，这里是客观要素决定了不法，那么主观要素对不法是不是也有影响呢？换句话说，故意是否能够决定不法呢？这个问题归根结底就是故意的体系定位问题，即故意能否从属于不法，从而影响不法的成立。

---

① 笔者认为，主张构成要件和责任分类的学者，仍然受我国犯罪构成的影响，将犯罪构成与构成要件相混淆，认为符合构成要件就是符合犯罪构成，符合犯罪构成当然就具有不法，不法阶层当然就是多余的，责任阶层由于其特殊性，所以予以保留。只不过分为构成要件和责任的分类并不确切，因为仅存在构成要件符合性并不能代表也具有违法性，只有不法阶层才是构成要件符合性和违法性阶层的统一。因此，张明楷教授便提出了将犯罪论阶层分为不法和责任。

② 参见彭文华：《犯罪构成论体系的逻辑构造》，载《法制与社会发展》2014 年第 4 期，第 123 页。

第二节　阶层犯罪论体系更迭中的理论争议

一、行为无价值与结果无价值之争的实质

我国学者很早之前就已经开始关注故意的体系地位，尤为注重故意体系地位的是行为无价值与结果无价值之争。但是国内是将故意体系地位作为行为无价值和结果无价值的附属结果来讨论的，因此，行为无价值与结果无价值的争论实际上轻视了故意体系地位的重要作用。

国内学者认为，行为无价值与结果无价值的立场，决定了不法的实质究竟是法益侵害还是规范违反，进而决定主观不法要素能否存在。具体来说，如果不法的实质是法益侵害，那么客观结果就可以决定不法，故意等主观要素只是责任的要素；相反，如果认为不法的本质是规范违反，那么行为人的行为被刑法所禁止，其必然要求行为具有人的故意。只有行为无价值才能够肯定主观不法要素的存在，结果无价值如果肯定主观不法要素，则是对其理论逻辑的违反，所有肯定主观不法要素的结果无价值的观点，都被作为结果无价值论缺乏体系自洽性的论据，这也是为什么只出现了二元的行为无价值论，却绝不可能出现二元的结果无价值论。此外，只考虑结果就认定不法，被行为无价值认为是与宗教法上的“自陷禁区理论”类似。即便完全贯彻结果无价值理论，也会因为与刑法规定不一致而缺乏理论的适当性。①而行为无价值强调的规范违反性，被结果无价值认为该观点与刑法保护法益的目的之间存在冲突。行为无价值突出的行为规制机能，被认为不符合罪刑法

① 参见周光权：《行为无价值与结果无价值的关系》，载《政治与法律》2015 年第 1 期，第 5 页。

定主义原则。行为无价值承认主观的违法要素,被认为混淆了犯罪论体系的违法性与有责性的阶层。①

因此,周光权教授曾对我国行为无价值与结果无价值争论的四个对立面作出总结:其一,主观违法要素是否是不法的要素;其二,违法性的本质是法益侵害还是规范违反;其三,不法判断的基准点是行为还是结果;其四,不法判断的逻辑是事前判断还是事后判断。②这四个问题归根结底是一个核心问题,即主观违法要素是否存在的问题,而在主观违法要素当中,故意又是核心要素,所以主观违法要素的问题最终可以认为是故意的体系地位问题。那么,为什么能够认定行为无价值与结果无价值的对立是故意体系地位问题的派生问题呢?

首先,故意属于不法还是属于责任,决定了不法的本质是法益侵害还是规范违反。古典犯罪论体系把故意归属于责任,构成要件是纯粹客观的,那么在构成要件和不法当中就不存在任何的主观因素,判断不法的本质必然只能是作为结果的法益侵害。但目的行为论体系认为,不法是人的不法,作为人的不法,故意等主观要素必然是不法的组成部分,这样才能区分故意与过失的不法,其中决定不法的是人的行为,而结果只是帮助判断的偶然要素,因此,法益侵害的本质可以是规范违反。其次,不法判断的基准点也受到故意体系地位的影响,因为如果认为故意应当属于责任要素,不法是纯粹客观的,那么不法判断的基准点就不能包含故意,而只能是结果。反之,不法判断的基准点就是行为。最后,采取事前判断和事后判断也是故意体系地位所决定的,如果认为故意属于不法,那么不法当中的行为就是一个完整的行为,不法判断的基准点就是行为,结果还未发生,那么当然就可以采取事前判断的方式。反之,如果认为故意属于责任,那么不法当中就只有结果,就不得不采取从结果到行为的逆向事后判断的方式。

---

① 参见张明楷:《行为无价值论的疑问——兼与周光权教授商榷》,载《中国社会科学》2009年第1期,第99页。

② 参见周光权:《行为无价值与结果无价值的关系》,载《政治与法律》2015年第1期,第3页。

因为并不涉及责任，因此，所谓的行为无价值与结果无价值争论的实质，是不法究竟是客观的还是主观的问题，两者对立的核心是不法中究竟能否存在故意等主观要素的问题。主观违法要素最重要的、贯彻始终的就是故意的体系定位问题，所以行为无价值与结果无价值争论的实质就是故意的体系定位问题。但是故意的体系定位是行为无价值与结果无价值产生的原因，而非两者对立的结果，我国对两者的争论有倒因为果之嫌。所以，我国的行为无价值论者与结果无价值论者都不能说服对方，两者都是在本体论上讨论对方的缺陷，一定程度上可以认为，这是双方站在各自立场上的循环论证。

通过研究发现，故意的体系地位不仅是行为无价值与结果无价值之争的根源，也是其他诸多理论争议的源头。例如，构成要件与违法性之间的关系，究竟应当采取行为类型说还是违法行为类型说？这个问题是由故意被排除出构成要件阶层所产生的，因为故意不能从属于构成要件，构成要件和违法性之间的判断就是两个相互独立的问题。①具备构成要件符合性并不能推出违法性。但是这样一来，构成要件和违法性之间就没有阶层递进的关系，因此该学说受到批评。随着主观违法要素的发现，构成要件与违法性的关系出现了缓和，这是新古典犯罪论体系所作出的修正。进而又影响了违法性的学说争论，即违法性阶层究竟应当是形式的违法性还是实质的违法性呢？故意被排除出了构成要件阶层，构成要件就不具备违法性推定机能，阶层之间存在无法衔接的现象。为了解决这一问题，梅茨格（Mezger）提出了实质的违法性论，即把违法性定义为对整体法秩序的违反。同样，故意前置到构成要件阶层，责任阶层就不能存在犯罪故意，那么违法性认识就必然不能是故意的组成部分，所以才出现了故意论与责任论的争论。可以说，故意的体系地位是解决阶层理论争议问题的关键所在。

---

① 参见蔡桂生：《构成要件论》，中国人民大学出版社 2013 年版，第 173 页。

二、罪刑法定主义原则的外延范围之争

当前学界的主流观点认为，罪刑法定主义原则强调行为规制机能。[①]想要规制行为，就必须包含故意，像故意杀人、过失致人死亡或者是意外事件必须通过主观要素进行区分，因为只有通过主观要素才能判断一个行为是不是符合构成要件的行为，以及符合何种构成要件的行为。其实，罪刑法定主义原则的机能更明确地说，是在确定构成要件的机能。比如，日本刑法学者井田良教授就曾指出："在判断构成要件符合性（即类型的违法性的判断）时，如果不考虑一切主观的违法，或许确实能使构成要件的外延发挥更为明确。但是，其代价却是大幅度地扩大了范围。这种无限定的构成要件概念，不能发挥使构成要件明确处罚范围的机能，也不能发挥根据条文的表述限定处罚范围的机能。"[②]在此基础上，也有学者认为，罪刑法定主义也应当包含目的等其他主观要素。例如，德国刑法学者罗克辛（Roxin）提出，如果将误拿的他人财产认定为窃取，就违背了罪刑法定主义机能。[③]但张明楷教授认为，罪刑法定主义机能完全可以剔除主观要素。[④]

这种争议表面上来看是罪刑法定主义原则本身的问题，在论证逻辑上，持不同观点的学者又将其细化至构成要件层面或者是不法层面，然而其本质还是故意的体系定位不同导致的立场差异。例如，张明楷教授对罪刑法定主义原则应当剔除主观要素的观点提出了三点支撑：首先，主观说的观点依据的是行为无价值论，其核心是限制国民的行为自由，但这与罪刑法定主义原则的理念相悖；其次，主观说的观点是将罪刑法定主义的机能范围限定在不法领域，然而根据责任主义的原理，

---

① 参见张明楷：《刑法学》，法律出版社 2021 年版，第 146 页。

② 井田良『刑法総論の理論構造』(成文堂・2005 年)5 頁，转引自张明楷：《论故意的体系地位》，载《法商研究》2022 年第 2 期，第 8 页。

③ Vgl. Roxin/Greco, Strafrecht Allgemeiner Teil, Band I, 5. Aufl., C. H. Beck, 2020, S.408.

④ 参见张明楷：《论故意的体系地位》，载《法商研究》2022 年第 2 期，第 8 页。

罪刑法定主义并不能抛开责任；最后，主观说认为客观罪刑法定主义原则采用的是因果违法论，所得出的结论不妥当。①

从张明楷教授的观点可以看出，其实罪刑法定主义原则的外延无非取决于两个具有递进关系的问题：其一，罪刑法定主义原则需不需要评价责任阶层；其二，如果不评价责任阶层，那不法阶层能不能维持纯粹客观的体系形象。如果罪刑法定主义原则需要评价责任阶层，那就不存在所谓主观说和客观说的区别。因为，如果包含责任阶层，那么所有的主客观因素都包含在了罪刑法定主义原则之内，其外延也必定是最广泛的外延。但如果像井田良教授所主张的抛开责任阶层谈罪刑法定主义，那么就必须考虑不法阶层能不能包含故意甚至是目的等主观因素，其核心问题还是故意能不能被包含在构成要件当中。其实与行为无价值和结果无价值的争论一样，如果仅讨论不法，故意就必然是对立观点的争议焦点和争议根源，而且是唯一根源。井田良教授所持的主观说无非是以行为无价值论作为价值基础，而张明楷教授则依然贯彻了结果无价值论的观点。因此，罪刑法定主义原则的外延范围，归根结底还是故意体系地位及其所引起的犯罪论体系的变化问题。

三、错误论的法律术语之争

行为人认识错误的法律效果在当前的学术领域基本可以达到观点一致，但是对错误论的争论根源，依然有必要进行探讨，以巩固现有学说的理论根基。在古典犯罪论体系当中，故意从属于责任阶层，而违法性认识从属于故意，因此，无论是事实认识错误还是违法性认识错误，其实都可以阻却故意的成立。然而，在目的论的犯罪论体系中故意从属于构成要件阶层，违法性因为其不属于构成要件要素，因而从故意中被剥离出来，留在了责任阶层，因此才出现了法律效果的区分。但是，在错误论中却又时常混淆错误的概念及其法律效果。

按照韦尔策尔的观点，事实错误的表述本身就是错误的，因为事实

① 参见张明楷：《论故意的体系地位》，载《法商研究》2022 年第 2 期，第 10—11 页。

应当包含主观事实，比如，行为人不以非法占有的目的拿走他人财物的，虽然不属于事实认识错误，但是其在构成要件上是错误的，因为不满足盗窃罪的主客观构成要件。①然而这种观点依然是站在目的论体系是正确的立场上，对古典犯罪论体系中错误论的批判。在德国刑法理论争论不断的时候对外广泛传播学说争议，各种对立观点之间的关系自然是不清晰明朗的。这也难怪我国学界和实务界经常将事实错误和法律错误的概念，与构成要件认识错误和违法性认识错误相混淆。例如，王某顺故意伤害案中，就多次使用事实认识错误的概念。②这种概念的使用，在当前刑法学主流观点认为故意属于构成要件阶层的背景下，其实很难说是错误的。因为现在的事实就包括构成要件故意，和构成要件认识错误其实是一致的。但是，两者的区别必须予以厘清。

韦尔策尔曾表示，事实错误和法律错误同构成要件错误和禁止错误的概念完全不同，要区分开来。③笔者认为，这种观点也是正确的，事实认识错误与法律认识错误的区分其实只应当存在于古典犯罪论体系。因为在古典犯罪论体系当中，故意不区分构成要件故意和责任故意，故意就是指的对犯罪的某种认识。但是对犯罪的认识也不能停留在这一粗略的概括当中，所以在违法性认识作为故意的一部分的前提下，将故意一分为二，一部分是对事实有认识，另一部分则是对法律有认识，因此才会有事实认识错误和违法性认识错误的区分。但是，当故意作为构成要件阶层要素时，故意就是对构成要件阶层要素的认识，这时再以事实认识错误进行概括就会导致以偏概全的弊端。比如，作为事实认识错误，既包含对构成要件的认识错误，也包含对正当化事由的认识错误。④后者因为属于违法性阶层，所以该错误就不可能属于构成要件认识错误，而只能属于违法性认识错误。

诚然，事实错误和法律错误虽然同构成要件错误和禁止错误是两

①③④　参见[德]韦尔策尔：《目的行为论导论——刑法理论的新图景》，陈璇译，中国人民大学出版社 2015 年版，第 87 页。

②　参见湖南省高级人民法院(2019)湘刑终 280 号刑事判决书。

对完全不同的概念，但是不能认为其中一对就是错误的，只是基于故意的不同体系地位所产生的不同术语表达而已。

第三节　阶层犯罪论体系更迭与故意体系地位变化的原因

一、哲学基础的发展

黑格尔（Heger）在其1817年的《哲学科学百科全书》（Encyklopädie der philosophischen Wissenschaften im Grundrisse）第1版和1820年的《法哲学原则》（Grundlinien der philosophie des Rechts）中曾提到法学理论的两大思潮，一个是历史法学派，一个是经验主义。经验主义是康德的哲学成果，是当时盛行的自然法理论的一种反映。根据经验主义，一个超越时代的理性法是不存在的，法的内容源自人类的经验。这也就产生了历史法学派，因为法的历史也是人类历史的一部分。萨维尼（Savigny）就是历史法学派的执牛耳者。萨维尼努力维持法来源的唯一性，避免法来源的多样化所造成的法的不稳定性与不确定性。但是法律体系是抽象自法律机构的研究，所以法不仅是历史性的，还是有逻辑性的、有体系性的、有哲学性的。①

在这种思想的影响下，犯罪论体系逐渐产生，并且受到了当时哲学思潮的影响，一直持续到目的行为论体系的产生。

古典犯罪论体系显然是发扬了历史法学派的哲学思想，想要维持法的稳定性与确定性以及法来源的唯一性，整个古典犯罪论体系都是围绕实证法作为法的唯一来源所构建的。古典犯罪论体系强调构成要

---

① Safferling J. M., Vorsatz und Schuld-Subjektive Täterelemente im deutschen und englischen Strafrecht, Tübingen: Mohr, 2008, S.13.

件的客观性，这样就可以把立法者所创制的法作为法的唯一来源，那么构成要件阶层就不能加入其他价值判断，不能掺杂法官的个人情感，即便法出现漏洞，法官也不能对法进行解释。而故意作为主观要素，需要包含法官的价值判断，因此必须在构成要件阶层予以排除，即坚持事实判断与价值判断的分离。哲学思想对这一时期的教义学者的影响极为深远。因此，即便此后体系出现了张裂，但基于这种哲学思想的信念，贝林等古典犯罪论体系者坚决拒绝对故意的体系地位进行修正，从而坚决拒绝对犯罪论体系进行革命性变革。

与经验主义认为超越时代的法是不存在的观点截然相反，目的行为论的倡导者韦尔策尔想要从存在论上寻找一个恒量，能够创造出超越时代、超越不同的价值观与意识形态的刑法理论。这样一来，实证法只不过是法条的本体特征，而不能阐述清楚法结构的事实符合性。古典犯罪论体系所倡导的事实与价值的分离根本不可能实现，因为任何存在都是有价值的，而这种有价值的存在先于古典犯罪论体系的理论，甚至先于任何理论的产生。因此，在刑法上的行为必须将事实与价值结合起来，任何行为都是有目的的，这种目的就是故意。目的行为论体系不再强求事实与价值的分离，因此也有了很大的迂回空间，故意也可以提前到构成要件阶层，作为主观的构成要件要素。

但目的行为论体系也出现了诸多的问题，作为其哲学基础的存在论也面临着诸多的批判。而这一时期的哲学思潮也没有再出现划时代的大家，学界也越来越注重体系的自洽性与刑事政策的要求，对一个新的体系是否需要哲学基础的关注度不是很高。即便像雅各布斯(Jakobs)等抽象刑法学的代表，也只是具有自己的刑法方法论而已。故意双重体系性地位的倡导者也只是对目的行为论体系的存在论基础进行了批判，而并没有提出新的哲学方面的依据。然而，目的行为论体系所提倡的事实与价值的结合等思想基础依然被保留下来，虽未曾再论及此问题，但实质上仍然贯彻了事实与价值结合的考察方式。

二、行为理论的变迁

在犯罪论体系产生之初，行为概念的形式和功能的意义超越了行为理论本身，行为概念直接影响了体系的结构。当时的刑法理论认为，一个统一的基础概念是犯罪论体系逻辑统一的前提。①从这层意义上来讲，行为概念是犯罪论体系的基石。贝林、李斯特将因果行为论视为犯罪论体系的理论基石，但认为行为的所有要素都属于构成要件，行为与构成要件的关系比较混乱。而韦尔策尔和毛拉赫(Maurach)等目的行为论者，更是将行为概念作为整个体系的出发点。即便是目的行为论的批判者也都对目的行为论作出了很高的评价，而且也基本沿袭了目的行为论的中心思想。

因果行为论的形成与当时自然科学的高速发展不无关系。法学家看到了因果行为的确定性特征，即外在的是纯粹客观的因果事件，可以与单纯的主观意志区分开来。尤其是因果行为论对事件的因果区分方式，把主观要素分离出来的观点，完全契合当时区分事实与价值的哲学思想。因此，刑法理论也采用了这种行为论。根据因果行为论，行为是所有通过某个任意的活动引起的身体动静，这里的任意指的是一切不受机械和生理因素强制的、由观念所激发的举止②，也就是说，观念或者意图与行为没有关系，观念只在激发举止的程度上有意义，至于激发之后的举止，是不受生理因素强制的、纯粹客观的要素。构成要件是纯粹客观的因果事实，故意并不属于事实的范畴，因此应当置于责任阶层。

目的行为论认为，外部的事实发生确实是有因果的，但这种事实应当归结于人的意志操纵，因果行为完全颠倒了意志和行为之间的关系。③人的行为不应当是因果盲目的，而是都预先设定了目标的，追求目标的举止。④一个举止只有与结果之间有目的性的关联，才能认定一

---

① Vgl. Maihofer, Der Handlungsbegriff im Verbrechenssystem, Tübingen: Mohr, 1953, S.10.

②③④ 参见[德]韦尔策尔：《目的行为论导论——刑法理论的新图景》，陈璇译，中国人民大学出版社 2015 年版，第 9 页。

个行为究竟是不是刑法上的杀人行为或者盗窃行为，而这种目的就是故意。因此，目的行为论认为，故意是行为的组成部分，因而也是构成要件的组成部分，是不法的组成部分。

在行为论发展的历史长河中，还出现过社会行为论和人格行为论。对于前者，作为李斯特学生的埃贝哈德·施密特（Eberhard Schmidt）也认为，因果行为论只注重纯粹客观的因果事实不妥，意图绕过自然因果事实，以社会行为概念来替代刑法上的行为概念，使得社会行为论显得不伦不类。韦尔策尔也说，社会行为论在某种程度上来说，更像是目的行为论的一种分支。人格行为论源自日本学者团藤重光，罗克辛从刑事政策的角度也采纳了这种观点。①人格行为论认为，"行为是作为行为人人格的主体性现实化的身体动静"，被认为是因果行为论的修正，但其所面临的批判一点也不比之前产生的行为理论要少。最为关键的是，故意双重体系性地位的提倡并非建立在人格行为论之上，对人格行为论的探讨也没有必要进行。

目的行为论所面临的批判，已经使德国刑法学理论开始检讨行为理论存在的问题。所有的行为理论都没有办法完美地包含故意与过失、作为和不作为。况且，结构性问题是犯罪论体系的基本问题，而并不是行为理论的基本问题。行为理论对犯罪论体系的形成具有不可忽略的重要意义，但是故意双重体系性地位已经可以不再依托具体的行为理论了。

三、体系自洽的要求

犯罪论要素的定位问题最终仍然是犯罪论体系的基本问题，换句话说，故意的体系定位，最终考虑的是能否做到体系在逻辑上的自洽。

古典犯罪论体系将故意完全视为责任要素，那么在构成要件要素中就没有任何的主观要素的存在。但是在未遂犯罪中，因为没有产生

① 参见邵睿:《行为理论之比较研究——兼论人格行为论的合理性》，载《烟台大学学报(哲学社会科学版)》2014 年第 6 期，第 36 页。

犯罪结果，客观方面的法益侵害并没有实现，如果这时也没有主观的构成要件要素，那么行为人的行为就根本不符合构成要件，也就没有必要判断违法性和责任阶层。因而古典犯罪论体系认为，未遂中的故意应当是构成要件要素，新古典犯罪论体系虽然肯定了部分主观违法要素例外的存在，但是依然否认既遂故意应当属于构成要件。但是这样一来，犯罪论体系就存在张裂了。因为每一个既遂的犯罪都经过了未遂的阶段，但为什么未遂故意属于构成要件，而既遂故意就只能属于责任？此外，古典和新古典犯罪论体系承认主观的违法阻却要素，却否认主观违法事由的存在，这显然也是不符合体系的逻辑自洽性的。

目的行为论体系当然就避免了其对古典犯罪论批判的这些问题，但目的行为论体系自身也存在问题。最为直接的就是目的行为论体系将故意前置到构成要件阶层，导致了责任阶层的空虚。责任阶层如果不判断故意与过失，如何表明故意犯比过失犯具有更高程度的可罚性？如果不能表明故意犯比过失犯有更高程度的可罚性，那么责任阶层存在的意义也就大幅降低了。在正当化前提事实认识错误的情况下，却只能由行为人自己证明违法性认识无法避免，这将扩大刑罚的惩罚范围。

故意分属于两个阶层则能够最大限度地满足犯罪论体系的自洽性。既能够在不法当中区分故意不法与过失不法的严重程度，也能够解释未遂行为的故意为什么存在于构成要件阶层，并作为主观违法阻却要素存在的前提，解决了古典犯罪论体系所存在的各种逻辑上的问题。在责任阶层，也能够解释为什么故意犯比过失犯具有更高的可罚性，还能够正确解决正当化前提事实认识错误的问题。

第二章
古典和新古典犯罪论体系中故意的体系地位

第一节　古典和新古典犯罪论体系的整体构造

一、古典和新古典犯罪论体系的哲学基础及法学方法论

（一）古典和新古典犯罪论体系的哲学基础

古典犯罪论体系又被称为贝林-李斯特体系，贝林和李斯特为阶层犯罪论体系的产生作出了极大的贡献。而贝林和李斯特思想的产生是具有特定的理由的，贝林和李斯特接受了主张区分事实与价值、存在与应当的哲学思想。[①]在贝林等人看来，可由经验证实的事实（empirische Wirklichkeit）才是真正的事实，超经验的、纯粹的价值并不存在。这种哲学思想对贝林的法理论也产生了很大的影响：法的事实也只有经验性的法事实一种，要不然如何解释为什么不同国家的法是不同的、不同

① Vgl. Beling, Rechtswissenschaft und Rechtsphilosophie, in: Sozialphilosophische Vorträge und Abhandlungen, herausgegeben von Ernst Beling, Moritz Geiger und Adolf Weber, Ausburg: Filser Verlag, 1923, S.20.

时代的法也不同？或者说，怎么解释法的产生、变化或者消亡？①

要区分事实与价值就要求用一种二元的思考方式，即经验与哲学方法的二元论。②贝林把这种思考方式运用到了他对法的思考当中，一方面，法需要考虑事实的内容，这是法学的任务。法律人研究这方面的法事实只是为了获取经验的认识，换句话说，法学只需要在法事实的范围内进行思考就可以了，因为它是纯粹的经验学。③另一方面，法又需要考量纯粹的价值内涵，这不再是法学的任务，而是法哲学的任务："对法事实的考察不仅需要事实本身的考察、经验的考察，还需要先验的、超经验的考察，甚至是不随时间变化而变化的考察方式对其补充。"④

这样一来，如果法是经验的法，那法概念也应当具有经验性。⑤但这不是法学本身能够完成的任务。法的概念是法所认可的最高等级的概念，那么对法的定义就应当超越法学的范畴，亦即需要借助法哲学并通过法学本身的思考方式来完成这项任务。⑥因为法哲学仅仅是提供一种观念形象（Vorstellungsbild），来引领法学对概念的表达。那么法学家究竟要赋予"法"一个什么样的形象，或者"法"概念下究竟是什么？在贝林看来，法应该是包罗万象的，既包括现行法，也包括过去的法，而所有的法整体作为归纳总结的基础，再从一般中抽象出个体的特征来。⑦换句话说，作为先验的法概念是从经验的法内容中抽象出来的。

由此可以看出，贝林的观点并没有把所有法概念都认为是经验的，法有自己独立的思维空间（eigenartige Gedankenwelt）或结构方式。法

---

① Vgl. Beling, Rechtswissenschaft und Rechtsphilosophie, in: Sozialphilosophische Vorträge und Abhandlungen, herausgegeben von Ernst Beling, Moritz Geiger und Adolf Weber, Ausburg: Filser Verlag, 1923, S.8—12.

② Vgl. Lask, Rechtsphilosophie und die Kategorienlehre, Gesammelte Schriften, Bd. I, Tübingen: Mohr, 1923, S.280.

③④ Vgl. Beling, Rechtswissenschaft und Rechtsphilosophie, in: Sozialphilosophische Vorträge und Abhandlungen, herausgegeben von Ernst Beling, Moritz Geiger und Adolf Weber, Ausburg: Filser Verlag, 1923, S.21.

⑤ Ibid., S.11.

⑥ Ibid., S.19.

⑦ Ibid., S.13.

学家对法的研究不仅是观察，更多的是一种思考。可是，人类的思考却又不完全是经验的要素，还是一种逻辑推论。人们内心对事实的思考本身是混乱的，借用这种逻辑推论才使得人们内心对事实的思考变得可以理解，或者至少是更易于理解，因此必定存在一个形式上的结构。贝林认为，任何的思考都与一定的思考方式或者分类有关，换句话说，思维是在一定的思维框架中进行的。①那么如何把任意一个法条规定都理解成一个法的思维空间呢？这就要求“始终要存在一个统一的社会生活秩序”。②为了刻画这种社会秩序③有三个要素是必不可少的：首先，位于逻辑起点的是人们的共同生活；其次，社会生活的秩序并不是符合我们目前认识的外部生活，或者根据近期的观察，能够推断出的秩序，而是一种应当(Soll)，一种规范(Norm)，社会生活是以该规范为依据的；最后，这种当为是一种普适层面上的当为，而非个案当中的一次性的特征。④在贝林看来，这种“先验的意义结构”或者称之为社会生活的秩序是一种形式的分类，是社会生活的参照物，是法考察的预备阶段。

但预备阶段也毕竟还是法考察的其中一个阶段，法又是经验的，属于“存在”(Sein)的范畴。因此所有的法，包括现行的法和失效的法，其内容都是有关社会生活的秩序，这些秩序的内容都是由某个“人的组织”作为立法的主体来制定的⑤，这个“人的组织”在秩序内容的制定过程中所起到的作用可以说是决定性的。那么任何被制定出来的秩序都不是纯粹理论上的价值，而是以背后的“人”的强权作为推动力。任何一个“人的组织”成为立法的主体，他们在立法的过程中都不可避免地

---

① Vgl. Beling, Methodik der Gestzgebung, insbesondere der Strafgesetzgebung. Berlin: Rothschild, 1922, S.13.

②④⑤ Vgl. Beling, Rechtswissenschaft und Rechtsphilosophie, in: Sozialphilosophische Vorträge und Abhandlungen, herausgegeben von Ernst Beling, Moritz Geiger und Adolf Weber, Ausburg: Filser Verlag, 1923, S.14.

③ 严格来说，这里刻画的并不是秩序，而是意义结构(Sinngebilde)，意义结构是秩序的一种形式，现实中的行为的意义都需要通过结构或者秩序来理解，也就是说，结构就是秩序。

表达自己的意志，只不过通过详细的叙述使这种秩序看上去像是“真实的事实”而已。统治阶级所构想的人们的社会生活秩序应当是一种什么状态，那制定出来的秩序就是什么样的状态，即所谓的“大众的心理事实”(Massenpsychologische Tatsächlichkeit)。这就等同于规范的内容具有实证性①，或者说，法的概念中有“存在”的要素，也同时意味着，无论是成文法还是习惯法都只能作为次要的法的来源。立法者在立法时代表了统治阶级的意志，因为法条(Gesetz)只有代表着统治阶级的意志时，统治阶级才同意该法条是实证的法，而不是因为法条本身是实证的。因此，法的真正来源是统治阶级授权制定的规范。

按照这种理解，法必定是经验的，是实证的。如此一来，反倒是没有必要去强调法的实证性，否则就显得语言不够精练。②所以古典犯罪论者既是法学实证主义的信徒，又同时认为统治阶级的意志是实证法的唯一来源。这也是为什么古典犯罪论体系一直坚持主客观分开判断，因为他们相信立法者已经在构成要件当中作出了正确的价值判断。

(二) 古典和新古典犯罪论体系的法学方法论

法学的方法论指的是法学思维过程的理论。③如前所述，法一方面是先验的，另一方面又是经验的。那么法学方法论也就具有了双重任务。④其中，作为先验方面的任务是指用于理解意义结构的一种理论逻

---

① Vgl. Beling, Rechtswissenschaft und Rechtsphilosophie, in: Sozialphilosophische Vorträge und Abhandlungen, herausgegeben von Ernst Beling, Moritz Geiger und Adolf Weber, Ausburg: Filser Verlag, 1923, S.10.

② Vgl. Beling, Vom Positivismus zum Naturrecht und zurück, in: Festgabe für Phillipp Heck, Max Rümelin, Arthur Benno Schmidt. Tübingen: Mohr, 1931, S.41.统治阶级意志下的法才是实证法还证实了一点，那就是世纪之交的法的实证主义并不等于法学实证主义，而是自然实证主义。在贝林看来，统治阶级对价值的构想是大众的心理事实，即使不是以自然法的形态展现的，也不能否认其内容就是自然法，大众的心理事实乃是自然法在人类大脑中的反映，因此，古典犯罪论体系所采用的法学实证主义乃是自然法的实证主义。

③ Vgl. Beling, Deutsches Reichsstrafprozessrecht mit Einfluss des Strafgerichtsverfassungsrechts. Berlin: De Gruyter. 1928, S.20.

④ 这里的方法论应该是一种广义的方法论，法学方法论本应该是独立的内容，但是支持新康德主义的贝林等人把法学方法论当作是法哲学的一部分。

辑方针，对实质内容的思考过程则是方法论经验方面的任务。为了满足法学方法论在先验方面的任务，就首先从社会生活秩序中派生出了“基本的法的概念”，即虽然只是形式，但是却具有普适意义的概念。这些概念不取决于立法者的思考和统治阶级的意志，所以是一种先验的思考方式。无论是哪种学科，甚至是日常生活都不能没有基础概念。没有概念，则任何学科都没有办法准确地提出问题。何为法，何为违法，何为法律上的人，都需要基础概念的支撑。①基础概念也应当具有双重的功能，既要在概念中提出基本的问题并予以解答，又要对法的内容予以规定。但是很显然基础概念中并不含有任何的内容，也不能包含内容，因为只要有内容就存在价值判断，就只是经验的，而非先验的。因此，那些想从形式中获得实质规定内容的就是所谓的“概念法学”（Begriffsjurisprudenz），是形式主义。其本质就是想借用结构性的先验主义来获取实质的内容②，这必然是片面的。那么概念法学想要获得的实质内容是什么呢？

概括来讲，实质的内容就是社会生活的经验性内容，对实质内容的思维过程就是一种狭义的法学方法论，所以从这个角度讲，法学方法论又是经验的。因此，抛开法哲学不谈，可以认为法学完全是一种经验学，是对法律事实的考察。那么法律人也就只是“认识法的主体”（Rechtserkenntnissubjekt），而非像立法者一样是“规定法的主体”（Rechtsordnungssubjekt）。立法者并非法律人，立法者是“人的组织”的代表，代表了统治阶级的意志。因此，法律人不同于立法者，立法者可以作出价值判断，但法律人一定要保持价值中立，且必须具有严格自律的精神，法律人所判断的规定的内容，必须是已经被立法者或者统治阶级认可的规定的内容，对在现实当中还需要再次获取证据的内容不能够进行判断。质言之，尽管现实中的法律并不符合法律应当具有的形象，现

① Vgl. Beling, Deutsches Reichsstrafprozessrecht mit Einfluss des Strafgerichtsverfassungsrechts, Berlin: De Gruyter. 1928, S.21.

② Vgl. Beling, Nachtrag zum Literaturbericht, in: ZStW, 1921, S.257.

有的法律和应有法律之间还存在不小的差距，但是作为法律人（包括法官），都只能严格地适用已经制定出来的法律，而不能对法律进行解释。所有的价值都是既定的，法律人也就不能作任何的价值判断，而只能像物理学一样，作客观的分析。

在狭义的法学方法论的框架下，法律人适用法律时存在一种困境：一般情况下，机械地套用法律是可以的，但面对需要填补法律漏洞时，法律人应当扮演什么样的角色？对于自然实证主义法学家来说，要回答这个问题首先需要区分法律空白（Rechtsleerer Raum）的情况和既有法律规定的范围内存在法律漏洞的情况。①贝林认为，所谓法律空白，是立法者尚未作出规定的情形，而法律漏洞是立法者忽略或者不屑于规定的情形。对于前者，按照法理来说，凡是法律没有规定的空白，在司法实践中都只能作消极的无罪判决。②因为立法者不仅是对法条的内容作出了规定，对法条覆盖的范围也作出了规定。即使某一问题是法律空白所导致的，作为认识法的主体的法律人也没有任何权限对其作出修改或补充。对于后者，贝林、李斯特，包括后来的梅茨格都采取了“利益法学”（Interessenabwägung）作为其实证主义法学方法论的指导思想，即无论是成文法还是习惯法，只要涉及内容，就要考虑统治阶级或者其代言人（立法者）对这些问题的价值构想。那些立法者既没有在成文法，也没有在习惯法中考虑的内容，也就是所谓的法律漏洞的情形。其实是立法者将其视为已经被填补上了的问题，而不再视之为法律漏洞。

质言之，古典和新古典犯罪论体系是建立在信赖立法者在客观构成要件上已经作出了完美的规定，司法者不需要在构成要件阶层进行价值判断，而只在责任阶层判断行为人的主观方面即可，这种方法论契合了当时要求法具有公正与安全的人权保障的形式法治国思想潮流。

在古典的犯罪论体系产生之前，刑法处于法官一个人的掌控之下，

① Vgl. Somlo, Juristische Grundlehre. Leipzig: Meiner Verlag, 1927, S.57.

② Ibid., S.80.

法官的权力几乎不受控制。不过在古典犯罪论体系产生之前，费尔巴哈的心理强制论和一般预防的思想就已经对形式法治国思想产生了很大的影响。刑法与国家及国家权力的正当性是紧密相连的，国家扮演的角色应当是防止犯罪发生的权力体，而非简单地惩罚犯罪，因此刑罚作为国家展示权力正当性的工具也应当具有防止犯罪发生的功能，这种一般预防的功能通过预先的刑罚规定得以实现。①因为"所有的违法行为在感性世界中都有其产生的原因……这种心理上的推动力能够产生一种恶"②。但是人都有趋利避害的本性，而法条应该承担一种心理上的威吓作用，因此，首先应当确定罪刑法定（nulla poena sine lege）以及无法律则无犯罪（nullum crimem sine lege）的原则，以避免法官或者王权的恣意。③罪刑法定原则在斯鸠贝尔（Stübel）完成自己的刑法体系前就奉为座右铭，其保障性构成要件（Garantietatbestand）④就是基于罪刑法定原则的思考。

这种原则打破了当时占主流地位的程序调查的思考方式，归责不再像教会法庭所强调的犯罪与行为人之间的关系，而是开始强调犯罪行为与犯罪构成之间的关系。在传统的教会法庭上，先进行针对犯罪的一般性调查，再进行特殊调查，即考察对行为人的归责。在第一阶段中，进行调查的法官已经查明了犯罪行为，第二阶段才考察行为是否能够归责于行为人，或者说行为人是否是犯罪的引起者。不过遗憾的是，在第二阶段中进行判决的还是先前进行调查的法官，法官既承担了类似于检察官的调查职能，又同时承担了作为法官本身的判决职能，抛开法官个人的修养与业务素质，绝大多数法官在进行调查之后都会先入为主地肯定先前调查的内容，极少会有法官在第二阶段否定自己在第

---

① 徐育安：《费尔巴哈之故意理论及影响——以德国刑法为核心》，载《政大法学评论》2009 年第 109 期，第 11 页。

② Vgl. Feuerbach, Lehrbuch des gemeinen in Deutschland gültigen peinlichen Rechts. 14. Aufl., Giessen: Heyer Verlag, 1847, S.13.

③ 参见刘幸义：《罪刑法定原则的理论与实务批判（上）》，载《月旦知识库》1994 年第 5 期。

④ 保障性构成要件需要与整体构成要件（Gesamttatbestand）相区分。

一个阶段调查出的结果。

但是在形式法治国思想的影响下，罪刑法定原则成为法律体系的指导原则，这种程序的思考得到了转变，法官的职能也得到了简化。法官不再承担第一阶段的调查和控告职能，控告方自己承担控告职能，并承担举证的责任。行为人和控告方已经进入审判程序，法官只需要判断被告人是否符合法定构成要件，或者其举止是否合法就可以了，而对于这种判断，客观的考察就已经足够。更为重要的是，这不仅能够实现构成要件的保障性功能，还能够同时实现其体系性功能，即构成要件是体系的构成要件，可以明确哪些要素构成一个犯罪类型，并成为违法性判断的基础。①

二、因果行为论的行为概念

在古典犯罪论体系中，不论是其思想的哲学基础，还是其教义学成果得出的结论，都要求构成要件和违法性的判断仅从客观的角度进行。因此，所有的主观要素就都作为了责任的要素，故意也只能作为责任的组成部分。对此，因果行为论也起到了十分重要的作用，即因果地引起了法律后果就可以单独成为不法的理由，因此，古典的犯罪论体系又称为因果的犯罪论体系。

古典犯罪论体系认为，刑法所规范的只是社会生活下的人类行为举止。针对动物的举止不仅从复仇刑法（Vergeltungsstrafrecht）的角度来看是荒谬的，从其他任何刑法理论的角度来看都是不可想象的。复仇刑法同时又对刑法作出了限制，即由意思决意产生的人类举止才是行为，才是刑法惩罚的对象。具体而言，行为是承载着有意性的身体动静，作为是有意性的身体动作，是肌肉的活动，不作为是有意性的身体静止，是肌肉的静止。因此，贝林的结论是，犯罪就是行为。②但是贝

① Vgl. Roxin, Strafrecht Allgemeiner Teil II, München: C. H. Beck, 4. Aufl., 2006, § 10, Rn 1.

② Vgl. Beling, Die Lehre vom Verbrechen, Tübingen: Mohr, 1906, S.9.

林认为行为既不应考虑行为人的意思决意，也不应考虑行为性质，行为概念的意义不是在于积极地认定什么是行为，而是消极地否定什么不是行为，从一开始就不需要纳入刑法的考虑范围之内。①比如意外事件，其根本就不属于刑法上的行为，更不用浪费司法资源去思考意外事件的处罚必要性了。因果行为论认为，行为的概念还不属于刑法实体的内容，而属于实体审查的前置性任务，其必然应该具有消极的形式化否定功能。用贝林的话说，行为概念只是“无血的幽灵”②。

在古典犯罪论体系之前，德国的犯罪论体系大致可以分为两派。一派是以格罗尔曼(Grolman)为代表的学者，主张将犯罪分为主观和客观两个特征，或者分为犯行面和意志面；③另一派则是以费尔巴哈为代表的学者，将犯罪的要素分为必要的和相对必要的。④虽然这些学者都涉及了行为的概念，但同时认为行为的概念太抽象或者太理所当然，以至于没有必要去考虑。⑤但行为概念的重要性使两派的学者都不自觉地将行为概念的要素纳入整体的要素当中去，虽然当时行为的概念并不是独立的，甚至连“行为”这样一个名称都没有。⑥在一系列概念的间接替换过程中，行为概念表露了其重要性：费尔巴哈以“法律的适用”概念替换了“归责”的概念，而法律的适用是一种程序性的事实，是法官的判决行为，归责就是判决。法官的判决行为针对的是作为一个整体

① Vgl. Beling, Die Lehre vom Verbrechen, Tübingen: Mohr, 1906, S.9.

② Ibid., S.17.

③ 比较有代表性的有鲁登(Luden)、亨克(Henke)等学者，他们认为客观面或者犯行面包括违法性、既遂、未遂等要素，也有部分学者认为还包括正犯与参与，并将故意和过失、归责能力归属于主观面或者意志面。

④ 这一派比较有代表性的学者有盖普(Geib)、席柏林(Häberlin)等，并将可认识性、违法性等归于必要的要素，而将正犯与参与、既遂与未遂、故意和过失等归于相对必要的内容。

⑤ 因为他们对行为与犯罪的关系问题的立论就不正确，他们并没有考虑犯罪应当包含哪些要素，而是在思考哪些要素可以把行为变为犯罪。Vgl. Radbruch, Der Handlungsbegriff in seier Bedeutung fur das Strafrechtssystem-Zugleich ein Beitrag zur lehre von der rechtswissenschaftlichen Systematik, Berlin: Guttentag Verlag, 1904, S.77.

⑥ Vgl. Radbruch, Der Handlungsbegriff in seier Bedeutung fur das Strafrechtssystem-Zugleich ein Beitrag zur lehre von der rechtswissenschaftlichen Systematik, Berlin: Guttentag Verlag, 1904, S.85.

的犯罪的意志面和犯行面，并且其判决不能超过这种“存在”，但是犯罪的意志面和犯行面并不是在审判程序中才作为一个整体的事实出现，而是之前就已经作为整体事实而存在，法官通过判决确认的事实就属于犯罪构成，而该事实就是行为。①此后，行为的概念才逐渐在学界得到认可。

但是有学者认为归责并不能等同于行为。这其中又有两种不同的观点，一部分学者认为，归责包括意志与结果以及意志与违法性的关系；另一部分学者则认为，归责只涉及结果。宾丁(Binding)是坚定的第一种观点的支持者，他认为行为必须覆盖到责任，责任的构建不能脱离违法性，那么此时的行为就是犯罪的同义词。但拉德布鲁赫就批评这种观点，如果责任的判断涉及违法性的话，要么行为就等于归责，要么就失去了在犯罪论体系中存在的价值。

宾丁为了证明行为应当包括责任就提出了意志的概念(Willensbegriff)，因为意志可以帮助确立因果关系，例如，在错误论中责任意志的概念。每一个被引起的结果都是意志希望的产物，即使是过失造成的结果，也是被意志所允许的。②与宾丁的观点不同，齐特尔曼(Zitelmann)则认为行为的概念只需要包括身体的动静即可，而不需要意志的内容，齐特尔曼因此也被认为是“身体动作说”的首倡者。毫不夸张地说，宾丁的观点在当时毫无支持者，而齐特尔曼的观点则成为通说，包括李斯特、贝林、M. E.迈耶(M. E. Mayer)等人都是他的支持者。虽然两者观点各有不同，但是两者都在行为的概念之外，认识到了责任方面的归责能力的问题，因此产生了有责的行为和无责的行为的分类。

增加了限定语“有责的”行为概念，相对行为概念本身必然是相对狭义的。故意和过失涉及犯罪的行为首先是一种违法的行为，而原则上一个行为的可罚性除了违法性之外，还要具有有责性，然后才要具有

---

① Vgl. Radbruch, Der Handlungsbegriff in seier Bedeutung fur das Strafrechtssystem-Zugleich ein Beitrag zur lehre von der rechtswissenschaftlichen Systematik, Berlin: Guttentag Verlag, 1904, S.82.

② Ibid., S.116.

可罚性。也正因为如此，李斯特对犯罪的分类是行为、违法的行为、有责的行为和可罚的行为。在有责的行为出现之前，根据法律规定，只有故意和过失被认为是行为成立必须要求的意志活动。不过随着有责的和无责的行为的分类出现之后，有学者认为没有故意和过失存在的情况下，也会存在意志活动。而且要确定是否存在犯罪，不需要考察是具有故意还是过失。因此，故意和过失应当是从属于某个具有统属性上位概念的两个下位概念，而且不难发现，无论有没有责任，犯罪的违法行为都是存在的，因而，故意和过失的上位概念就是责任。①

古典犯罪论者论证行为与故意、过失无关的一个论点，即一个行为是未遂还是既遂，并不考虑行为人是具有故意还是过失的意志，而只取决于最终造成的结果，即使行为人对结果没有设想，也不能影响既遂与未遂的成立。行为人要么一开始就对结果有设想，要么一开始就对结果没有设想，而不论对结果有没有设想，其行为的既遂与未遂都不受影响。未遂既不是行为的表现形式，也不是责任的表现形式，而是有责的行为的表现形式，精确地说，是故意的行为的表现形式。

齐特尔曼认为，所有的身体动静开始与结束都不存在外界的原因，所有身体动静因果链终止的原因都是身体动静本身，不过身体动静也是有原因的，这个原因就是意志，意志引起了神经的反应，从而导致了外部行为。但是意志的内容究竟是什么，则既不是因果链所需要考虑的内容，也不是行为本身所应当考虑的内容。正如贝林所说的："一个行为存在，我们只要知道他有意志地行为了，或者没有行为就可以了。至于他所想的内容是什么，这里都无所谓，意志的内容只对责任的问题有意义。"②

综上，笔者认为，宾丁的行为概念并不能算作是因果行为论的学说

---

① Vgl. Radbruch, Der Handlungsbegriff in seier Bedeutung fur das Strafrechtssystem-Zugleich ein Beitrag zur lehre von der rechtswissenschaftlichen Systematik, Berlin: Guttentag Verlag, 1904, S.116.

② Vgl. Beling, Grundzüge des Strafrechts, 2. Aufl., Jena: G. Fischer Verlag, 1902, S.28.

分支。身体动作说强调的“动作是否由意志所支配、支配动作的意识内容如何，不是行为所要解决的问题，而是责任要解决的问题”①，并不是与有意行为说相区分的理由，有意行为说所主张的“以某种意思引起外部的动作，更以这种外部的动作为原因引起结果的因果系列”②，也不是其区分于前者的更为优越的部分。相反，身体动作说只是有意行为说在认识层面的第一个阶段，是整个因果链前端的行为自身的部分，至于行为是否由意志所支配正是有意行为说所要解释的另外一个问题。正如齐特尔曼所说的，身体的动静也是有原因的，即使是神经的反应引起了身体的动静，也必须承认意志是心理的原因。对行为“无血的幽灵”这种评价并不是贝林对自己坚持的身体动作说的自嘲③，而是其坚持有意行为说，而对行为应该具有的客观中立的属性的一种更为直观的评价。

所谓因果行为论，是指意志是“因”，行为是“果”，是否成立行为应当作纯粹客观的判断，意志是因，但只是引起行为的意志原因，至于意志的内容是什么④，则只需要在责任阶段进行判定。不过，正是因为意志是引起行为的原因，所以才需要在责任阶段进行判定，如果意志与行为无关，那责任阶段为什么还要判定意志？所以意志一定与行为有联系，至于身体动作说的重要问题，反射动作、睡梦中的动作等都被作为行为是在此误解基础上得出的结论。

此外，贝林与李斯特也并不是身体动作说的主倡者⑤，相反，贝林和李斯特都是齐特尔曼观点的坚定支持者⑥，而齐特尔曼已经承认了

---

① 陈家林：《外国刑法：基础理论与研究动向》，华中科技大学出版社 2013 年版，第 47 页。

② 同上书，第 48 页。

③⑤ 参见陈家林：《外国刑法：基础理论与研究动向》，华中科技大学出版社 2013 年版，第 47 页。

④ 这种区分可见 Vgl. Radbruch，Der Handlungsbegriff in seier Bedeutung fur das Strafrechtssystem-Zugleich ein Beitrag zur lehre von der rechtswissenschaftlichen Systematik，Berlin：Guttentag Verlag，1904，S.124ff。我国台湾学者许玉秀也有相同观点，参见许玉秀：《当代刑法思潮》，中国民主法制出版社 2005 年版，第 122 页。

⑥ Vgl. Radbruch，Der Handlungsbegriff in seier Bedeutung fur das Strafrechtssystem-Zugleich ein Beitrag zur lehre von der rechtswissenschaftlichen Systematik，Berlin：Guttentag Verlag，1904，S.118.

身体动静是神经反应的结果，而意志则是神经反应的原因。所以说贝林是身体动作说的支持者是对贝林“无血的幽灵”的曲解。

甚至可以摒弃“有意行为说”的术语，因为该术语从语言表述的角度就给人造成“行为不是客观的”误解，违背了因果行为论本身的立论与主张，甚至给人一种超前的感觉，即行为也包含主观要素，从而在古典犯罪论体系产生之前就给古典犯罪论体系埋下了隐患。

据此，笔者认为，因果行为论并没有分支，因果行为论只有一种观点。在因果行为论当中，行为是纯粹客观的内容，故意和过失是意志内涵的两种形态，属于责任的范畴，因此在因果行为论的犯罪论体系中，故意只能从属于责任阶层。

三、古典和新古典犯罪论体系的体系构造

（一）古典犯罪论体系的构造

犯罪论在 19 世纪都还没有正式区分各犯罪阶层，可罚性的确定并不是用构成要件符合性、违法性和有责性的体系进行判断，而是单独在“构成要件”层面进行判断，因为当时构成要件是所有要素的集合体，既包括犯罪的主体、犯罪的意志，也包括外部的行为、犯罪对象，以及通过法律表达的所有可罚性的要求。①违法性概念的出现可以追溯到耶林在 1867 年的《罗马私法中的过错要素》一书中提出的观点，即针对小偷客观上造成的权利侵害的认定，不需要考虑其主观上是否有故意或者是否有责任，但在判断其可谴责性的问题时，则必须要考虑他们的主观方面，而（审判机关）在判决中又需要对被控告者的不法加以认定。因此，需要认定的不法包括两个方面的不法：一方面是指客观事实意义上的客观不法，另一方面是主观的不法。②虽然耶林提出的不法的概念具有重要的意义，但显然这里的不法混杂着如今犯罪论体系中不法和

① Vgl. Rüping, Grundriß der Strafrechtsgeschichte, München: C. H. Beck Verlag, 4. Aufl., 2002, S.93.

② Vgl. Jhering, Das Schuldmoment im römischen Privatrecht, Gissen: Roth Verlag, 1867, S.4—5.

责任的各种要素。纵观整个犯罪论体系史不难发现,19 世纪的斯鸠贝尔和鲁登(Luden)率先提出了现代犯罪论概念的雏形,但是当时对犯罪的基本要素还缺乏认识与研究;宾丁通过规范论对违法性问题作出了较大的贡献,即行为人违反的是立法者所规定的允许性规范与禁止性规范;①而故意和过失最初是"违反义务的意志确定"(pflichtwidrige Willensbestimmung)的下位概念②,这主要应当归功于阿道夫·默克尔(Adolf Merkel);博纳(Berner)提出的行为概念可以说加速了古典犯罪论体系的提出,至少是加速了李斯特的行为论"身体动作说"的提出;到贝林最终提出完整的阶层犯罪构想,整个阶层的犯罪论体系才算初步定型。尤其是从贝林开始发展构成要件理论起,逐渐形成了近百年来讨论的构成要件符合性、违法性和有责性的三阶层犯罪论体系。

李斯特最早提出区分违法性和有责性的刑法体系阶层,并在其刑法教科书中对犯罪阶层按照行为、违法性的行为、有责的行为和可罚的行为进行划分。③虽然李斯特在第 22 版的教科书中对故意下定义时曾使用过"符合构成要件"一词,但对犯罪论体系的划分依旧沿用了其最初的划分方式,没有提出构成要件符合性的阶层,行为概念依然是其理论的核心。李斯特的自然行为论将犯罪的客观犯罪构成和主观犯罪构成加以区分,本质上是严格区分了不法④和责任两个阶层。⑤

李斯特虽然提出了不法与责任的区分,但是正如贝林后期对自己之前写就的教科书之评价一样:"我越来越确信,到目前为止,包括我的

---

① Vgl. Binding, Die normen und ihre übertretung: bd. Der irrtum, Leipzig: F. Meiner, 1918. S.4—7.

② Merkel-Liepmann D L V, von Adolf Merkel S. Herausgegeben von M, Liepmann. Stuttgart: Enke Verlag, 1912, § 24.

③ Vgl. Liszt, Lehrbuch des Deutschen Strafrechts, 4. Aufl., Berlin: Guttentag Verlag, 1891, S.88.

④ 此时的不法和违法性两个术语还没有区分开,经常混淆使用。

⑤ 参见张小宁:《日本的行为论之争及最新研究趋向》,载《学术界》2014 年第 11 期,第 230 页。

《刑法纲要》的第一版和第二版，以及此前其他所有文献在内，其不成功的一个根本原因就是缺少一个概念，这个概念就是构成要件。”①同样缺少了构成要件阶层的李斯特的犯罪论体系，在思考上也缺少了一个逻辑环节。因此，虽然古典犯罪论体系被称为贝林-李斯特体系，但是李斯特率先提出了违法性与责任的阶层区分，而提出构成要件阶层只是贝林的教义学成果。

在实证主义的背景下，贝林对法学与法哲学的区分奠定了古典犯罪论体系的教义学问题的基础，将构成要件作为纯粹客观的评价是其对价值和规范思考的必然结果。因为古典犯罪论体系肯定了区分规范与价值的意义，即对价值的思考强迫我们建立一个社会生活中应为的秩序和规范，将这种秩序与规范作为法秩序的模板，而建立这样一种模板，法哲学必定会局限于重要特性的塑造上。法哲学所塑造的先验基础，其实就是刑事立法者的价值立场，在这样一种价值立场之下，不仅包括认识，甚至意志因素都被事先规定在法律逻辑当中，我们信任这些立法者，所以这样创建出来的基础性概念就是合理的②，法官在案件的审判中只需要保持价值的中立就可以了，价值判断已经由立法者作出了，在确定一个犯罪行为是否符合构成要件的各种要素时，不允许法官作任何的价值判断，而仅需作事实判断就可以了。

1. 古典犯罪论体系的构成要件

贝林在 1906 年的教科书中对犯罪论的分类仍不包括构成要件，直到 1930 年才在《构成要件论》中把构成要件作为犯罪论的第一个阶层。他认为刑法的存在维护和增强了国家的权威性，但是也应该被控制在一定的范围和必要的限度内。③因此古典犯罪论体系强调控制法官的自由裁量权，这与刑法的实施一样，也是为了维护国家的权威。如果法

① 王充：《论德国古典犯罪论体系——以贝林(Beling)的构成要件理论为对象》，载《当代法学》2005 年第 6 期，第 37 页。

② Vgl. Hartwig Plate, Ernst Beling als Strafrechtsdogmatiker, Berlin: Duncker & Humblot, 1966, S.16.

③ Vgl. Beling, Die Lehre vom Tatbestand, Tübingen: Mohr, 1930, S.26.

官可以任意对违法有责的行为进行处罚，那刑法就不再值得人们信赖，也就无从维护国家和刑法的权威了。因此从这个角度来讲，必须建立一个“犯罪类型”的概念。

问题随之而来，犯罪类型的概念重点是什么？犯罪类型是犯罪特征的集合，其外部特征表现为不法类型（Unrechtstyp），内部特征表现为责任类型（Schuldtyp）。[①]有没有一个概念，能够把所有的要素都包括进去呢？这样既可以规定行为的客观面，又可以照顾到行为的主观面。以故意杀人罪来说，一个完整的犯罪类型，必须既能够包括杀人的行为，也能够包含死亡的结果，还能够认定行为人的故意。这样一种能够包含所有的犯罪方式的指导形象（Gedankliche Gebilde）就是贝林所说的概念重点。因此，贝林在犯罪类型的概念之下，提出了只具有形式上功能的构成要件的概念，这种构成要件只是分类的方式，不具有内容上进行区分的意义，可以认为这种构成要件的概念是一种一般性的模板。为了能更好地解释构成要件的形式概念的指向，贝林给构成要件定义了两个特征：记述性和客观性。[②]

其一，古典犯罪论体系的构成要件具有记述性的特征。根据贝林的观点，构成要件是犯罪类型的轮廓[③]，是犯罪特征的具体化缩影，构成要件只作为法条要素的个别化目标起作用，是刑法的基础概念，决不能涉及刑法的分则部分，行为的构成要件符合性是犯罪的一般特征[④]，并不涉及可罚性与违法性的问题。

刑法是严苛的，出民法、行政法的行为并不一定就要入刑法，刑法应该有自己单独的规范对象，立法者如果想让刑法具有单独规范对象的能力，就应该从各种违法有责的行为中抽象出一个“犯罪类型”，这种抽象的犯罪类型就好比社会生活的单个行为的刻画（Einzelne Verhaltensweise Charakterisiert），这种刻画就是通过构成要件完成的。从

---

① Vgl. Beling, Die Lehre vom Tatbestand, Tübingen: Mohr, 1930, S.3.

② Ibid., S.4—11.

③ Ibid., S.110—112.

④ Ibid., S.181.

逻辑上来看，存在两种法律条款，一种是举止方式的刻画，并使之可罚；另一种则规定了举止方式的违法性。①从立法的思考过程来看，立法者也会一方面进行举止方式的构成要件刻画，另一方面规定举止方式的违法性。②而且作为立法过程，两方面一定是同时进行的，不可能只进行举止方式的构成要件刻画，却不强调行为的违法性，否则立法就是没有意义的。因此，贝林认为，人的行为究竟是违法的还是合法的，根据举止方式根本无法确定，因为已知的举止方式（Verhaltensweisen）③或者说犯罪构成所刻画出来的举止方式都是违法的，不违法的情况都包含在不法排除事由当中。除此之外的排除事由是通过单独的考察来进行判断的。④贝林由此得出结论，纳入犯罪类型（Deliktstypen）中的指导形象的构成要件（Leitbildtatbestand）应该具有纯粹的记述性（Rein beschreibender Natur），犯罪构成应该作为价值中立的形象（wertungsfreie Figuren）而不包含任何违法性价值判断。⑤

其二，古典犯罪论体系的构成要件具有客观性的特征。贝林以杀人罪为例，行为人是否有杀害他人的内心意思是无从得知的，但是没有行为人的内心意思，从外部行为也能够看出来行为人杀人意思。⑥但是并非所有法条都像杀人罪的表述一样简单，有些复杂的法条表述既包括了客观要素，也包含了主观要素。比如，《帝国刑法典》（Strafgesetzbuch für das Dentsche Reich）第 183 条猥亵罪和第 185 条侮辱罪，贝林认为，虽然法条既包括客观要素，也包括主观要素，但是法律人需要将立法者的思考拆分成客观的和主观的两个部分，然后就跟杀人罪的判

---

① Vgl. Beling, Die Grundzüge des Strafrechts, 9. Aufl., Tübingen: Mohr, 1925, S.7.

② Vgl. Beling, Die Lehre vom Tatbestand, Tübingen: Mohr, 1930, S.9.

③ 蔡桂生教授提出了 Verhalten 与 Handlung 的区别，Verhalten 是不附带主观因素的，Handlung 是主观支配的行为。

④ Vgl. Beling, Die Grundzüge des Strafrechts, 9. Aufl., Tübingen: Mohr, 1925, S.14—31.

⑤ Vgl. Beling, Die Lehre vom Tatbestand, Tübingen: Mohr, 1930, S.9.

⑥ Vgl. Ernst Beling, Methodik der Gesetzgebung, insbesondere der Strafgesetzgebung, Tübingen: Mohr, 1922, S.63.

断一样，只看客观面就可以进行区分。如果认为猥亵行为和淫秽的意图不可分割的话，那第183条的构成要件就必须包含意图。但问题是，如果第183条的构成要件包含意图的话，那什么时候出现淫秽的意图才算是猥亵呢？如果没有淫秽意图就不能称之为猥亵的话，那猥亵的整体概念就变得模糊不清。所以为了维持整体判断的明确性，还是应当仅考虑客观面。①行为人的内心不应纳入考虑的范畴，在这层意义上也就不存在故意等主观的构成要件要素了。

此外，贝林还从不法类型和责任类型的角度考虑，如果构成要件中纳入了行为人的主观面，就没办法区分不法类型和责任类型。如果把客观要素和主观要素一起作为构成要件要素作整体的评价，其实就回避了一个问题：法律规定是怎样评价外部行为的？②在整个犯罪类型都只是客观轮廓的情况下，构成要件也必然是客观的，就像行为人有责或者无责地杀死了一个被害人，构成要件符合性上也不会有差异。③

2. 古典犯罪论体系的违法性阶层

古典犯罪论体系者认为，构成要件与违法性之间不具有推定机能，具备构成要件符合性只是方便进行违法性判断，而违法性阶层的判断必须进行积极的判断。以古典犯罪论体系者最常用的杀人罪为例，A杀了一个人，但是现在还不能认为他的行为违法，A具备的构成要件符合性只是进行下一步违法性判断的前提。

古典犯罪论体系认为，法条中没有提及违法性特征的情况俯拾皆是。杀人行为的违法性并没有被书面强调，这表明杀人行为是被禁止的，因为杀人行为原则上都具有违法性，但是这并不妨碍违法性应当作为一个积极判断的犯罪要素。这一点不真正不作为犯表现得更为明显，通过不作为导致的构成要件实现，原则上并不能推出违法性，而只有行为人存在保证人义务时，才能推测其违法性，否则违法性就会被无限扩张。

---

① Vgl. Ernst Beling, Methodik der Gesetzgebung, insbesondere der Strafgesetzgebung, Tübingen: Mohr, 1922, S.54—55.

② Ibid., S.55.

③ Vgl. Beling, Die Lehre vom Tatbestand, Tübingen: Mohr, 1930, S.178.

但是，刑法法条必须作为违法性判断的唯一来源，否则就会导致法来源的多样性，进而带来法的不稳定性。也就是说，即使构成要件符合性不具有违法性的推定机能，也必须保持违法性的形式性。

除此之外，违法性阶层还必须保持客观性。因为犯罪事实的事实面，即法益侵害，仅以其强度就可以表现出不法的强度。以杀人罪和过失致人死亡罪为例，虽然两者在主观上的可谴责性不同，但是在客观上都造成了他人死亡的不法，不法的程度是一样的，判断不法程度也根本不需要加入主观要素。

3. 古典犯罪论体系的责任阶层

在古典犯罪论体系者，尤其是贝林看来，有责性和违法性一样，都是行为的一个特征。有责性是所有主观要素的集合体，或者说是犯罪的主观面。贝林把有责性定义为行为的心理可谴责性。

责任阶层作为主观要素的集合体，又处在最后一个阶层，因此责任阶层主要是与前两个阶层之间存在心理联系。一是与构成要件之间的心理联系，即故意；二是与违法性之间的心理联系，即违法性认识。故意是对行为满足某个具体法条存在心理联系，但是满足某个具体法条并不能确认违法，因为违法性阶层还要进行整体刑法秩序的积极判断。笔者认为，这是违法性认识体系归属争论的源头。因为古典犯罪论体系认为，刑法规范是违法性判断的唯一来源，那么既然对行为符合构成要件有心理联系，当然也就对违反刑法规范有心理联系。但是古典犯罪论体系认为，构成要件符合性不具有违法性的推定机能，那么为什么要认为与构成要件有心理联系就必然与违法性也有心理联系呢？所以目的行为论才认为，违法性认识（可能性）虽然存在，但违法性认识（可能性）并不一定就是故意不可分割的一部分。然而，这种观点也不一定是正确的，因为从梅茨格开始，构成要件符合性原则上都推定具有违法性，与构成要件有心理联系原则上就与违反整体法秩序有心理联系，那韦尔策尔反驳的对象就不存在了。但抛开后来的争论不谈，古典犯罪论体系认为责任主要应当包含故意和违法性认识两大方面。

除此之外，责任阶层还应当存在一些其他的主观要素，如目的，《德国刑法典》(Deutsches Strafgesetzbuch)第 263 条诈骗罪和第 242 条盗窃罪，都要求以非法占有为目的。但是古典犯罪论体系认为，这种目的只是作为纯粹的心理要素，其构成要件的实现并不要求目的也要实现。类似的还有所有的行为人的动机和倾向，都应当是责任要素。

(二) 新古典犯罪论体系的构造

新古典犯罪论体系之所以仍然以古典犯罪论体系为之冠名，是因为新古典犯罪论体系仍坚持了客观不法、主观责任的思维模式，但在三个阶层又都有细微的变化，因此被当代刑法学者称为新古典犯罪论体系。

1. 构成要件阶层的变化

古典犯罪论体系坚持构成要件是客观的，而责任是主观的区分方式。但在主观违法要素被发现后，导致构成要件作纯粹客观判断的观点受到了质疑。同最早耶林在《罗马私法中的过错要素》中提出违法性要素一样，主观违法要素再一次首先出现在民法领域。费舍尔(Fischer)在《德意志帝国的私法与民事程序》(Abhandlungen zum Privatrecht und Zivilprozeß des Deutschen Reiches)一书中首次发现了主观的违法要素，并由迈耶和黑格尔率先将主观违法要素引入到刑法中①，其中最重要的问题就是规范的构成要件要素的发现。

迈耶主张区分事实的构成要件和法定的构成要件，法定的构成要件规定了行为可罚性的条件，而事实的构成要件则包含了很多概念上不重要的要素。②法定的构成要件不能价值无涉，因为法定的构成要件要素中包含

① 近些年来，国内和德国学术界都在讨论刑法的民法从属性问题，虽然有很多学者不赞同刑法具有民法从属性，但从作为构建犯罪论阶层要素的一些问题都是从民法当中引入的来看，首先就彰显了这些要素在民法当中的存在必要性，同时也体现出了刑法认为具有引入的必要性，只要不舍弃这些从民法上引入的要素，就不能抛弃刑法的民法从属性。刑法作为单独的部分法，当然也具有自己的独立性。至于在何种程度上具有民法从属性，何种程度上具有独立性，还需要我国刑法学者作深入探讨。

② Vgl. M. E. Mayer, Der Allgemeine Teil des deutschen Strafrechts Lehrbuch, Heidelberg: Carl Winters Universitätsbbuchhandlung, 1915, S.3—4.迈耶主张刑法上的行为就是一种"概念"上的形象，这些不重要的要素虽然对可罚性的问题没有任何意义，但是对证明犯罪存在是有意义的，不过，这不是犯罪论和刑罚论的问题，而是证据法的问题了。

了规范的构成要件要素，如《德国刑法典》第 242 条的盗窃罪是有意地拿走他人财物，这里的财物属于他人并不是在盗窃行为发生时才具有价值属性，而是已经存在的由价值决定的、不是被其他事实因果引起的要素。这种代表了价值的规范的构成要件要素虽然是结果的组成部分，但是因为没有办法感知①，因而不属于外部事实面的内容，而只能属于法律世界。

规范的构成要件要素的发现可以说引起了“多米诺骨牌效应”。首先就是构成要件阶层不再是绝对客观的、价值无涉的。布伦斯(Bruns)在批判迈耶的基础上认为构成要件是一般规范的特殊应用，刑法中规范的构成要件要素表征或者证立不法的部分，既是对行为人举止的抽象价值判断，又是对举止违反法规范的具体价值判断，所以构成要件阶层并非价值无涉。②虽然这与贝林等人的观点中所强调的构成要件具备客观特点，完全是从不同的角度得出的结论③，但是在此之后的德国刑法理论通说也没有再坚持构成要件是价值无涉的观点。④

关于构成要件和违法性的关系，通说认为迈耶是“表征说”的代表人物，梅茨格是“存在根据说”的首倡者。⑤但笔者认为，迈耶虽然主张表征说，但是实际上他的观点中存在着分歧。比如迈耶认为，因为规范的构成要件要素在作为不纯正的构成要件要素的同时，也作为真正的违法性要素，所以构成要件要素的成立就已经证明了违法性的存在。例如，《德国刑法典》第 242 条盗窃罪是“以占有为目的，违法拿走他人财物”，拿走了属于他人的财物才符合构成要件，假如财物属于行为人自己，则

---

① 按照迈耶的观点，法定的构成要件应当具有两个方面的特征，外部面的实现是可以感知的，而内部面则不能感知，只能通过行为人的供述或者通过举止推定其意义。

② Vgl. Bruns H. Kritik der Lehre vom Tatbestand, Bonn: Roehscheid Verlag, 1932, S.41.

③ 贝林的观点是从解释论的角度考察得出的结论，而布伦斯则是采用立法论的角度进行考察。前者把构成要件与立法本身区分看待，构成要件是事实，立法是价值；构成要件是教义学，立法是刑事政策，构成要件是规范刑法学适用的前提，因此可以认为是价值无涉的。而布伦斯的观点则将两者合二为一，因此考察的角度是根本不同的。

④ 参见蔡桂生：《构成要件论》，中国人民大学出版社 2013 年版，第 114 页。

⑤ 参见陈家林：《外国刑法：基础理论与研究动向》，华中科技大学出版社 2013 年版，第 39—40 页。

行为不具有违法性。[①]但是迈耶为了极力维护古典犯罪论体系外部不法、内部责任的区分方式，仍然主张构成要件与违法性之间应当严格区分。因此，笔者认为，迈耶是表征说的代表学者，但也是存在根据说理论的来源，而梅茨格在迈耶的基础上提出了存在根据说，并成为集大成者。梅茨格所代表的存在根据论比贝林的构成要件符合性和违法性无关的观点以及迈耶的表征说都更为进步，奠定了后来犯罪论体系关于构成要件符合性和违法性之间关系的基础，即构成要件是不法的构成要件。

2. 违法性阶层的变化

虽然费舍尔、黑格尔、迈耶已经提出了主观的不法要素，但直到梅茨格才开始进行系统研究。梅茨格认为违法性有着三个特征：一是梅茨格依然试图保持客观不法、主观责任的思维方式，因此违法性仍是客观的；二是违法性是符合构成要件的不法[②]，因为构成要件符合性是违法性的存在依据；三是形式的不法逐渐被实质的不法所取代，因此出现了超法规的违法阻却事由。

首先，违法是客观的。虽然发现了主观的不法要素，但是违法是行为违反了客观的法规范，而法规范是一种客观的评价规范，是判断特定事件或者状态的法律立场，违法或者不法就是客观上违反了评价规范[③]，因而违法也就是客观的。

其次，不法判断的依据包括了整个法领域，既包括公法，也包括私

---

① Vgl. M. E. Mayer, Der Allgemeine Teil des deutschen Strafrechts Lehrbuch, Heidelberg: Carl Winters Universitätsbbuchhandlung, 1915, S.184—185.

② 关于不法和违法性的区别，在梅茨格观点提出之前不是特别明确，梅茨格认为两者应当存在区别，因为他不太重视构成要件概念本身，认为构成要件符合性（而非构成要件本身）与违法性（Rechtswidrigkeit）同时属于不法（Unrecht），所以学界后来经常将构成要件称为不法的构成要件，但他又同时认为不法和违法性区别不大，一个行为要么就是被禁止的，要么就未被禁止，要么就合法，要么就不法，不存在中间地带。如果行为的不法被排除了，那么就不具有违法性，就是被允许的。从这个意义上说，违法性和不法没什么决定性的差别，不法排除事由和违法阻却事由也没有特别的区别，梅茨格也经常换用两个概念。

③ Vgl. Mezger, Strafrecht ein Lehrbuch, München und Leipzig: Duncker & Humblot, 1931, S.164.

法，因此并不是任何违反法律的行为都是可罚的行为，只有符合构成要件且违法的行为才是可罚的。但是刑法毕竟是最严苛的法律，能处置人的财产、剥夺人的自由，因此必须在判定违法性时对刑法加以限定，这个保障措施就是构成要件。①

最后，存在根据说最重要的影响在于实质的违法性观点取代了形式的违法性判断。在古典犯罪论体系中，构成要件和违法性之间没有实质的关系，因此违法性阶层也作积极的判断，那么为了限制法官的恣意性就必须坚持罪刑法定原则，因而在违法性阶层是一种形式的违法性判断。但是在新古典犯罪论体系中，构成要件符合性是违法性的存在根据，只有在存在违法阻却事由的情况下才排除违法性，违法性阶层是一种消极的判断，那么就可以采取“利益衡量原则”（Gütererwägungsprinzip）作为实质的违法性的判断原则。②

3. 故意仍属于责任阶层

梅茨格认为“区分法与不法原则上采用客观的界限标准，但并不妨碍个案当中以心理或精神的要素作为法与不法的决定性因素”。③所以梅茨格率先提出了刑法当中主观不法要素的三种类型：目的犯中的目的（如《帝国刑法典》第 146 条的伪造货币罪）、倾向犯中的倾向（如《帝国刑法典》第 176 条对儿童的性倾向、第 260 条处于盈利或者习惯倾向窝赃的），以及表现犯中的心理过程（如《帝国刑法典》第 153 条的未经宣誓的虚假陈述）。这个以进为退的观点实际上表明了其仍然坚持客观不法、主观责任的区分方式，出现在客观当中的主观不法要素只是一般与个别的关系，故意和过失仍然只属于责任。

在谈责任问题之前，必须首先明确责任能力的体系定位。在古典犯罪论体系中，责任能力只是责任的前提，而不是责任的组成部分。但从新古典犯罪论体系开始，责任能力成为责任的内容，不再是责任

① Vgl. Mezger, Strafrecht ein Lehrbuch, München und Leipzig: Duncker & Humblot, 1931, S.174.

② Ibid., S.196，也可以参见许玉秀：《当代刑法思潮》，中国民主法制出版社 2005 年版，第 68 页。

③ Ibid., S.168.

的前提。[①]梅茨格也认为，“责任能力是指行为时所具有的，行为人归责所要求的人格特征”[②]，责任当然就包括责任能力本身。不过梅茨格的观点和通说的观点一样，还是认为，责任能力包括故意、过失，故意、过失都是责任的下位概念。对此，弗兰克（Frank）认为通说割裂了所有问题之间的联系。责任不是一种上位概念，责任就是故意和过失、归责能力以及其他要素的集合体。[③]具备所有的要素即为一个集合体，便是可非难性的对象。弗兰克还提出了可非难性应当以一种规范的标准进行考察，应当采用规范的责任论。但至于什么是规范的标准，弗兰克也不清楚。对此，格尔特施密特（Goldschmidt）认为，规范的标准来自法规范，因为每一个法规范都是一个义务性规范，行为之所以要受谴责，是因为其违反了这个义务规范。还认可了超法规的责任阻却事由，即认为不能期待他人有合法行为可能性时，可以阻却责任。[④]

第二节　古典和新古典犯罪论体系中故意的体系地位

一、古典犯罪论体系中故意的体系地位

作为自然实证主义法学的领军人物和因果行为论最得力的两个旗

① 对此，笔者认为许玉秀的观点不正确，许玉秀认为故意的体系地位未变，归责能力的体系地位也未变，这实际上与梅茨格等人的观点相反，梅茨格认为把归责能力作为责任的前提，并且拒绝接受责任阶层不仅具有故意与过失的观点，实际上是回避了归责能力的体系定位的问题。梅茨格的观点可以参见 Mezger, Strafrecht ein Lehrbuch, München und Leipzig: Duncker & Humblot, 1931, S.268—269。许玉秀观点可见许玉秀：《当代刑法思潮》，中国民主法制出版社 2005 年版，第 69 页。

② Vgl. Mezger, Strafrecht ein Lehrbuch, München und Leipzig: Duncker & Humblot, 1931, S.278.

③ Vgl. Frank, Festschrift für die juristische Fakulität in Giessen zum Universitäts-Jubiläum, Giessen: Alfred Töpelmann, 1907, S.522.

④ Vgl. Freudenthal, Schuld und Vorwurf im geltenden Strafrecht, zugleich ein Beitrag zur Kritik des Entwurfes zu einem deutschen Strafgesetzbuch von 1919, Tübingen: Mohr, 1922, S.7.

手，贝林和李斯特所创立的古典犯罪论体系体现了两者的精髓，即在构成要件阶层作完全客观的判断，构成要件是完全价值中立的。构成要件不包含任何的违法性评价，“构成要件其实是犯罪类型之单纯无形的轮廓。它是纯描述性的、规范性的规定，它本身没有什么法律后果”。①构成要件是纯客观的，具备构成要件符合性并不能推断出具有违法性，只是能够帮助判断是否存在违法性。具有构成要件符合性也不能推断具有有责性，因为构成要件只是描绘外部轮廓，与描绘内部轮廓的责任应当严格地区分开来。②因此，所有描绘内部轮廓的主观要素都归属于责任，那么故意作为主观要素当然也完全属于责任。

根据因果行为论的观点，行为可以引起的结果要么是单纯的身体动静的行为犯（Tätigkeitsdelikte），要么是通过身体动静进而影响外界变化的结果犯（Erfolgsdelikte）。李斯特称之为“原因”（Ursache）与“效果”（Wirkung），“原因”具有引起外界变动的功能，却不具有支配事件流程的能力。但是“原因”与“效果”之间必须有因果上的联系，所以这种行为论称为“因果”行为论。③以故意杀人罪为例，按照因果行为论的观点，故意只是行为人引起杀人行为的意思，杀人的行为是行为人意思的外界载体，至于行为人的意思是否想要达到他人死亡的目的，不是构成要件考虑的内容，而是责任需要考虑的范畴。

李斯特最初给行为下的定义是能够追溯到人的意思所引起的外界变动，但是这种观点不能解释不作为，因为不作为并没有导致外界的变动，所以就无法进行归责。因此李斯特在第 4 版教科书中改变了对行为的描述，认为行为是作用于外界的有意性举动④，不具有有意性的行为是不可想象的，行为人的预见通过神经影响有意的身体动作。因此，

① Vgl. Beling, Die Lehre vom Verbrechen, Tübingen: Mohr, 1906, S.112.

② Ibid., S.178.

③ Vgl. Jescheck u. Weigend, Lehrbuch des Strafrechts Allgeminer Teil, 5. Auflage, Berlin: Dunker & Humblot, 1996, S.219.

④ Vgl. Roxin, Strafrecht Allgemeiner Teil, 2. Aufl., München: C. H. Beck, 1994, S.181.

通过外界的力量影响肌肉导致的身体动作不是行为，通过内部的精神刺激，如痉挛产生的身体动作也不能成为行为，只有可以追溯到行为人意思的身体动作才是行为。[①]因此，李斯特将不作为解释成“对结果有意的不阻止（willkürliche Nichthinderung des Erfolges）”。[②]意思是要区分人的行为与动物的行为的标准，但是此处的意思仅指的是行为意思（Handlungswille），是一种目标观念，指的是行为具有有意性（Willkürlichkeit）[③]，也就是说这里的行为意思还不是故意，那故意是什么？

李斯特认为故意是对行为结果的预见，或者对作为或者不作为的因果关系的预见，并在区别故意与其他主观因素时表示，故意和其他的主观因素不同，是不包括其他主观因素的。故意不是愿望设想，比如希望他人在雷雨天被雷劈死不是故意；故意也不是目的，尽管立法者在有些时候会把目的作为构成要件规定在法条之中；故意也不是意思，因为意思只意味着肌肉的紧张，身体的动静才是意思的企图，意思并不对结果有任何企图，但是故意更多地会涉及结果。也就是说，在某一确定的犯罪的法律概念之下，要想确定其是一般的还是更严重的犯罪形式，不是看故意，而是看行为，故意是通过“蓄意实现所有犯罪构成”来判定的。[④]这不同于当时的主流观点，当时的主流观点包括前古典行为理论都认为故意等同于意思，故意就是犯罪的意思，是一种期待违反法律的结果出现的预见，是一种道德上的反对动机。

但是这种主流观点的问题在于，其对意思的定义不够清晰。因为根据当时自然行为论的观点，行为及行为的产生大多不是刑法学科涉及的范畴，刑法学科只是寻找不同概念之间的联系，所以对意思本身和意思

---

① Vgl. Liszt, Lehrbuch des Deutschen Strafrechts. 4. Aufl., Berlin: Guttentag Verlag, 1891, S.128.

② Vgl. Liszt, Lehrbuch des Deutschen Strafrechts. 22. Aufl., Berlin: De Gruyter, 1919, S.126.

③ 参见孙运梁：《故意在犯罪论体系中的地位之研究》，载《刑法论丛》2013 年第 4 期，第 99 页。

④ Vgl. Liszt, Lehrbuch des Deutschen Strafrechts, 4. Aufl., Berlin: Guttentag Verlag, 1891, S.174—175.

与故意之间关系的定义模糊不清。有的学者认为，意思是引起肌肉紧张的精神因素（Bekker、Zitelmann）；有的学者认为，意思是精神要素，但是是通过行为预见来确定的，没有无意识的意思（Heinemann）；有的学者则认为意思的概念、有意性身体动作的概念和意志自由的概念是没有任何关系的；有的学者则将行为动机认作是意思；也有学者认为，单单通过对结果的设想不能确定意思，意思还要考虑多方面的因素，包括宗教、习俗、法律等才能最终确定。①从上面对意思内容的多种表述可以看出，意思的概念没有形成通说的观点，而且意思与故意的关系含糊不清。因此，李斯特将故意与其他主观要素作出区分，目的是使故意具有独立的概念意义，使故意只属于责任阶层，不涉及行为的法律意义，只与一般的犯罪构成有关。李斯特认为，将故意的概念独立出来就可以让故意仅涉及归责、故意和过失本身的问题，行为数量的问题，以及正犯和参与的问题。但是，李斯特也并没有给故意一个明确的概念，对故意应该包含哪些内容也没有作出说明。因此，李斯特在 1919 年的教科书中对故意重新下了定义："故意是一种意思活动，是伴随着对所有符合构成要件的犯罪事实有认识的意思活动。"②同时，对故意概念应该包含的内容作了说明：首先，故意包含了对犯行决意的设想本身，以及下决心时的情况设想；其次，预见的结果；最后，在作为犯中对因果关系的预见和不作为犯中对结果的预见。同时也可以看出，李斯特将违法性认识从故意的认识内容中排除，此时的责任阶层不包含违法性认识的内容。③

但至少古典犯罪论体系的故意概念不再像过去一样被认定为是一种恶意（dolus malus），而被认为更像是一种心理上的概念。④在古典犯

① Vgl. Liszt, Lehrbuch des Deutschen Strafrechts, 4. Aufl., Berlin: Guttentag Verlag, 1891, S.128.

② Vgl. Liszt, Lehrbuch des Deutschen Strafrechts, 22. Aufl., Berlin: Guttentag Verlag, 1919, S.163.

③ Vgl. Liszt, Lehrbuch des Deutschen Strafrechts, 4. Aufl., Berlin: Guttentag Verlag, 1891, S.176.

④ Vgl. Gallas, zum gegenwärtigen Stand der Lehre vom Verbrechen, in: ZStW 1955, S.42.

罪论体系看来，与构成要件只作纯客观的判断正好相反，作为责任要素的故意是内部心理事实的标志，因而故意的评价内容只是心理上的或者是精神的内容，是纯粹主观的内容，而不包含任何客观的评价。故意的这种体系定位主要是基于体系本身、制定法和刑事政策三个方面。

（一）故意作为责任要素具有体系上的合理性

1. 故意是责任的形式

体系之所以存在，是因为体系可以帮助刑法学者，甚至刑法学界在个别的学术认知上不作孤立的研究，而是把个别的学术认知纳入一个逻辑关系中，进而确定个别学术认知相互之间是否能在逻辑上相包容。①可见，对于一个体系来说，最重要的就是其内部各学术认知之间存在逻辑上的自洽性。对于古典犯罪论体系来说，将故意完全定位为责任要素正是体系的需要。

其一，故意属于责任要素是一种本体性的推论。在古典犯罪论体系获得通说地位的过程中，有两种观点成为学界普遍认可的观点：第一个是只有有责的不法才能处以刑罚；第二个是刑罚的度不得超过有责的不法。②很明显这里可罚的行为分为两个犯行面，客观面即不法，主观面即责任，两者共同构成刑罚的最高界限。衡量一个犯罪的程度既要考察其客观不法面，也要考察其主观责任面，责任的要素既不能高估，也不应该被忽略。仅依靠客观不法的程度就对行为人进行处罚就忽略了责任面的意义，相反则高估了主观的责任。虽然结论很简单，但在古典犯罪论体系产生之前，这两个问题并不清楚，直到古典犯罪论体系产生，这两个问题才开始探讨。

违法性是指行为违反法律规定，即使行为人主观的心理状态完全不具有可谴责性，行为也依然具有违法性。责任是行为人心理的可谴

① 参见许玉秀：《当代刑法思潮》，中国民主法制出版社2005年版，第57页。

② Vgl. Beling, Unschuld, Schuld und Schuldstufen, Hamburg: Meiner Verlag, 1910, S.1.

责性,换句话说,是行为人的行为意志具有可谴责性。①可谴责性是责任的本质,在人的内心起作用,但如果就此认为责任就是人的心理状态或者心理过程,那么对责任的理解仍然是片面的。②因为心理状态或者心理过程仍然只是事实,只不过是处于内心的事实罢了,如果内心的事实还是描述性的话,那么责任就也是客观的,也就没有责任阶层存在。因此,只有规定了指向人的内心世界的规范,并且人的心理状态和过程与该规范不符时,才存在责任。换句话说,心理活动本身不是责任,错误的心理活动才是责任,也因此可以把责任视为可非难性或者可谴责性。③

可谴责性作为责任的内容使责任开始丰富起来,也使其能够区别于诉讼法上的责任概念。但是责任应该是什么呢?换句话说,可谴责的对象是什么?在古典犯罪论体系产生之前已经有学者提出,“责任就是行为人内心与行为内容之间的关系”④,但是这种定义并不精确,因为无责也是行为人的内心与内容之间的关系。所以定义本身可以不作大的修改,只要把这种联系定义为积极的设想和意志与犯罪客观面之间的关系,而就此来说,只有故意和过失才是仅有的两个行为人内心与

---

① 弗兰克曾直接套用诉讼法上的责任概念,弗兰克的观点可以参见 Frank, Über den Aufbau des Schuldbegriffs, Giessen: Töpelmann Verlag, 1907。但贝林否定了其观点,认为刑法上的“责任”概念不能直接借用刑事诉讼法上的“责任”概念,否则会使刑法中的责任概念混乱不堪,因为刑事诉讼法上的责任概念意味“有罪”,而并非只是刑法上的有责,刑事诉讼法上的责任绝不仅指犯行的可非难性,还可能包括违法性,甚至是可罚性的客观条件。刑事诉讼法中的责任已经是结论性的概念,而刑法中的责任则是得出结论的其中一个步骤而已。虽然弗兰克也用可谴责性来定义犯行,但不可采用弗兰克的观点。

② Vgl. Beling, Unschuld, Schuld und Schuldstufen, Hamburg: Meiner Verlag, 1910, S.7.

③ Ibid., S.8. 此外,可谴责性也只能是故意的内容,虽然看上去较高的不法好像具有更高的可谴责性,但是如果把可谴责性用于总领不法和责任,就会导致不法阻却事由和责任阻却事由的混淆。可谴责性应当作为区分责任与其他犯罪要素的界限,成为责任的内容。

④ Vgl. Galliner, Die Bedeutung des Erfolges bei den Schuldformen des geltenden Strafgesetzbuchs: unter besonderer Berücksichtigung des Vorentwurfs zu einem deutschen Strafgetzbuch, Breslau: Schlette, 1910, S.10.

行为内容之间的关系，故意和过失也就必然成为责任的一种形式，是责任概念的组成部分。①

其二，故意属于责任是保持体系不变的必然要求。构成要件符合性、违法性和有责性的三阶层的提出，使构成要件符合性替换了行为的概念，行为作为一个整体的统领性概念而存在。那么按照古典犯罪论体系的观点，各要素的阶层归属应当如下表所示：

表 1　古典犯罪论体系中要素的阶层归属

构成要件符合性	违　法	责　任
狭义的行为②（如有意的身体动静）； 结果（如身体动静所引起的外界变动）； 因果关系（如条件理论）。	有无法定违法阻却事由（如正当防卫，紧急避险）。	归责能力是责任的前提；③ 意图、动机、故意等所有主观要素； 责任排除事由（如排除责任的紧急避险）。

在古典犯罪论体系中，某一要素从属于其中一个阶层就不能再从属于另外一个阶层。这种观点的提出者是拉德布鲁赫④，虽然这种观点现在看来并不妥当，但是在当时，甚至是目的行为论的犯罪论体系都将其奉为座右铭，引领着两个体系的构建。因此，倘若故意不属于责任阶层，那故意只能作为主观的不法要素。但古典犯罪论体系的自洽性在于客观与主观的对立，如果故意作为不法的要素，那势必将所有的主观要素同故意一起放到不法的阶层，更确切地说是放到构成要件阶层，在构成要件阶层内部实现主观与客观的对立。如果贯彻批判说的观

① Vgl. Beling, Unschuld, Schuld und Schuldstufen, Hamburg: Meiner Verlag, 1910, S.29.

② 广义的行为是作为总览全局的概念存在的，按照贝林的观点，广义的行为只包括人的意志和身体动静，其他要素均不是行为的内容，广义的行为概念因此十分空洞。而李斯特、拉德布鲁赫等人则认为，广义的行为除了包含身体动静和意志外，还包含结果、意志活动与结果之间的因果关系等。

③ 归责能力并不能确定责任，而只是为责任的确定提供可能性，因为归责能力本身并不能进行非难，而是如果想对某种心理联系进行非难，归责能力是前提。

④ Vgl. Radbruch, Der Handlungsbegriff in seier Bedeutung fur das Strafrechtssystem-Zugleich ein Beitrag zur lehre von der rechtswissenschaftlichen Systematik, Berlin: Guttentag Verlag, 1904, S.20.

点，那么在古典犯罪论体系中，各要素的归属就变为下表所示了：

表 2　古典犯罪论体系批判说的要素归属

构成要件符合性	违　法	责　任
狭义的行为（如有意的身体动静）； 结果（如身体动静所引起的外界变动）； 因果关系（如条件理论）； 意图、动机、故意等所有主观要素。	违法阻却事由（如正当防卫，紧急避险）。	归责能力； 责任阻却事由（如违法性认识）。

由此可见，构成要件符合性包含了所有的内容，违法和责任只剩下阻却事由。如果仔细考察构成要件符合性内部所包含的内容可以发现，这些内容正是广义的行为所包括的内容，构成要件符合性不但没有替换掉行为在犯罪论体系中的地位，甚至导致整个体系几乎回到了古典犯罪论体系形成之前的状态，即所有判断又都变成了法官的任务，古典犯罪论体系约束法官权力的努力便会白费，现有的犯罪论体系完全被抛弃。

2. 故意是责任的等级

故意杀人和过失致人死亡从客观上来看，都有杀人的行为，也都造成了他人死亡的结果，如果故意和过失与可谴责性无关的话，那国家为什么还要求区分故意和过失呢？原因就在于故意和过失存在可罚性上的区别。这种观点源自对弗里德里希·史图姆（Friedrich Sturm）观点的批判性继承，史图姆认为故意是责任概念之外的内容，在故意当中存在一种特定的心理状态，而过失则既是责任基础，也是一种心理状态。①这就很难理解，同样是心理的事实，为什么过失是责任的基础，而故意却不是责任的内容。如果只有过失是责任的话，那除了过失之外其他心理状态都没有责任吗？答案显然是否定的，故意也必定是责任的内容。

但是故意成为责任的内容并不代表故意就是责任的等级。贝林也并不局限于认为简单区分的故意和过失就可以作为责任的全部，从而

① Vgl. Sturm, Die strafrechtliche Verschuldung, Breslau: Schletter, 1902, S.74.

与可非难性画上等号。可非难性必然是有等级区分的，不可能所有可非难的行为都具有相同的可非难性。刑法上的可非难性不能从道德上的高尚或者是低劣派生出来，更不可能用来划分可非难性的等级，这个任务只能交给故意与过失来完成。

故意包含了认识与意志，但是对犯罪实现的认识不能单独被作为非难的对象。行为人对自己的行为有认识，比如对杀害一个人有认识，但是这种对事实的认识（Wissen）或设想（Vorstellung）并不能阻止行为人实施犯罪行为，那么可谴责的就是行为人的意志。为了论证这种观点，贝林举了四个例子，一是行为人认识到行为违法，而且希望违法；二是行为人认识到行为会违法，但是是否违法对行为人来说无所谓；三是行为人认识到行为可能不被允许，但是行为人低估了其行为违法的可能，如果他认识到自己的行为违法，肯定就不会实施该行为；四是行为人根本没有违法性认识的情况下实施行为。①相对于后两种情况，在前两种情况中，行为人根本就不存在阻止自己实施违法行为的态度，那么在前两种情况下，行为人的意志内容具有可非难性，而在后两种情况下，行为人的意志形成过程就存在瑕疵。②那么前两种情况认定为是故意没有问题，而后两种情况则体现了更小的责任。

很显然这里的前两种情况分别是直接故意与间接故意，后两种情况是有认识的过失和无认识的情形。这里就涉及另外一个概念，即违法性认识的问题。违法性认识从字面意思来看便可以确定不能存在于违法性阶层判断之前，那么就只能存在于责任阶层③，而从上述四种情况可以看出，违法性认识的问题是区分四种责任形式的标准。因此，具有违法性认识，且接受或者容忍违法性认识的就是故意，而不接受不容

① Vgl. Beling, Unschuld, Schuld und Schuldstufen, Hamburg: Meiner Verlag, 1910, S.34—35.

② Ibid., S.36.

③ 20世纪初，关于是否需要违法性认识的争论方兴未艾，虽然从实证法上找不到需要违法性认识的依据，但当时的法官都认为，违法性认识应当作为故意概念的要素。吕梅林（Rümelin）为了避免违法性认识没有实体法依据的批判，提出了违法性认识可能性，作为故意概念的内容，借以说明故意比过失具有更高的可罚性。

忍违法性认识的则是过失。那么故意就比过失具有更高程度的可非难性,因此也就具有更高等级的责任。

此外,鉴于当时主流观点认为违法性认识是故意的内容,而违法性认识只能位于违法性阶层之后,那就只有责任阶层能成为其归属。而且根据拉德布鲁赫的观点,故意存在于责任阶层就排除了其归属于另外一个阶层的可能性,那么故意就没有选择的余地,而只能归属于责任阶层。

(二)故意作为责任要素源自实体法的规定

以实体法的规定作为故意属于责任要素的理由,主要是贝林的观点,而贝林的这种思想源自《帝国刑法典》第59条的规定:"如果某些构成要件情状属于法定构成要件,或者会升高可罚性,而行为人在实施可罚的行为时没有认识到现存的构成要件情状的,则不能将该情状归责于行为人。"行为情状就是行为时的事实,贝林认为行为人行为时必须认识到所有事实,为了限定法定的构成要件事实或者不法要素的升高,就必须在构成要件和违法性阶层排除一切主观要素。①换句话说,如果行为人的责任是在较低的构成要件符合性的范围内形成的,那么对刑罚起决定性作用的不是更高的客观上的不法,而是行为人的责任。同时进一步认为,客观上所实现的构成要件和行为人有责的可归责构成要件必须是一致的②。若行为人持损坏财物的目的却导致一个人的受伤,肯定不能按照故意伤害行为处罚行为人,只可能以过失伤害对行为人进行归责。

由此可见,行为在客观上是既定的,不以行为人的主观意志为转

---

① Vgl. Beling, Unschuld, Schuld und Schuldstufen, Hamburg: Meiner Verlag, 1910, S.47. 此外,可以参见郑军男:《德日构成要件理论的嬗变——贝林及其之后的理论发展》,载《当代法学》2009年第6期,第59页。

② 笔者认为,贝林的这种观点直接影响了后世对打击错误应当如何处理的观点。对于打击错误,刑法学界和实务界主要有两种观点,一种是以普珀(Puppe)为代表的等值理论(Gleichweritgkeitstheorie),二是通说和判例所坚持的具体化理论(Konkretisierungstheorie),而两者争论的焦点就在于行为人是否需要对犯罪事实有具体的认识,通说所采用的具体化理论还是对贝林古典犯罪论体系中故意观点的承继。

移，即使行为人主观想象的是损害财物，但客观上造成了伤害他人的结果，那么在客观上就是伤害行为，客观阶段已经确定的行为到责任阶段再判断主观即可，行为人具有故意就是故意伤害，行为人具有过失就认定为过失伤害，基于过失毁坏财物的故意过失打伤了受害人的，就构成过失伤害罪。因为构成要件究竟是如何规定的，对行为人的认识来说根本不重要，如果要求行为人主观上认识到构成要件的内容，那只有立法者才有可能被判刑了，而且"构成要件阶层对各种不同的专有名词（犯罪）都采取了同样的处理方式，因此，该犯罪行为的严重程度，是此罪还是彼罪，都是用责任当中的故意来衡量的"。①

除了《帝国刑法典》的规定，当时其他德语区国家的刑法也为故意属于责任提供了法条上的依据。如《瑞士刑法典》第 21 条规定："如果行为人对事实有错误设想，并在此错误设想的前提下进行了行为，那么法官应以行为人的设想为依据，作有利于行为人的评价。"类似的观点还有《奥地利刑法草案》第 9 条，瑞士和奥地利刑法的规定表明了一个问题，即法条规定的事实是没有价值色彩的，事实是客观可罚性的条件，是法定的构成要件要素，主观设想作为行为人认识的内容，不属于客观的事实。进一步说，故意作为主观要素不属于构成要件要素的内容。

（三）故意作为责任要素与当时的刑事政策关系密切

古典犯罪论体系中的刑事政策还不具有独立的意义，正如前文哲学基础所提到的，贝林和李斯特受休谟二元哲学思想的影响，主张区分事实与价值，认为"李斯特鸿沟"其实就是事实与价值二元思想的深化。有的学者认为，这里的刑法指的是刑事司法；也有学者认为这里的刑法指的是罪刑法定。笔者认为，两种观点都体现了一个问题，那就是事实是价值不可逾越的屏障。在刑事司法中要坚持罪刑法定原则，法官只需要适用法律即可。而刑事政策则是一种社会政策，其所包含的对社

---

① Vgl. Beling, Unschuld, Schuld und Schuldstufen, Hamburg: Meiner Verlag, 1910, S.50.

会的意义、内容及其目的，不需要法官进行处理，也就是不需要额外的价值输入。

在李斯特看来，刑事政策是灵活的，这样才能够对抗变化多样的犯罪，而刑法则应当具有封闭性，因为封闭性的体系才能对抗法官的偶然与专断。①在体系的内部强调的平等，既包括相同行为的平等评价，也包括不同行为与行为人得到平等对待。但是法官毕竟是人，人就可能存在自己的主观设想和先入为主的评价。被后世学者诟病的“法官机械地信赖理论上的概念，从而忽视具体案件特殊性”的“抽象的程式化的刑法解释学”②，正是李斯特和贝林所追求的。只有法官机械地适用法律，才能保证不同行为和行为人之间的平等，而只有事实与价值相区分才能保证平等，只有将不法与责任、客观与主观分开判断与讨论，才能保证事实与价值的区分。这也是古典犯罪论体系必须要将故意放到责任阶层的原因。

二、新古典犯罪论体系中故意的体系地位

新古典犯罪论体系中，故意和过失的体系地位没有太大的变化，但是对故意和过失的理解却发生了分歧，这主要源自对归责能力的阶层归属的思考。对此主要有两种观点：

其一，有部分学者与古典犯罪论体系的观点完全一致，即故意和过失不仅作为责任的要素，同时还是责任的类型。因为责任当中只有故意和过失，归责能力等都不是责任的内容，那么故意与过失的对立体现在责任当中就必然既作为责任的要素和责任的形式，又作为责任的类型。

其二，有学者认为，故意和过失只是责任的要素或者是责任的形式，但并非责任的类型。因为除了故意和过失，归责能力以及缺乏责任

---

① 参见陈兴良：《刑法教义学与刑事政策的关系：从李斯特鸿沟到罗克辛贯通——中国语境下的展开》，载《中外法学》2013 年第 5 期，第 984 页。

② [德]罗克辛：《德国刑法学总论》(第 1 卷)，王世洲译，法律出版社 2005 年版，第 242 页。

阻却事由都属于责任的内容，所以故意和过失不能单独作为责任的类型。对此，弗兰克提出的观点具有跨时代的意义，即不满十四周岁的儿童、精神病人等欠缺责任能力的人还是可以故意进行犯罪行为，但是却并不具有责任。①因此，不能把归责能力作为故意和过失判断的前提，而应当同属于责任的要素。

因为新古典犯罪论体系认为责任并非只有故意和过失，所以新古典犯罪论体系的责任判断的内容更加丰富，包括三个部分：心理责任部分（psychologische Schuldbestandteile）、动机责任部分（motivatorische Schuldbestandteile）和行为人人格责任（charakterologische Schuldbestandteile），其中心理责任部分与古典犯罪论体系中责任等同，即故意与过失仍然属于责任，只是不再等同于责任，而是责任的其中一个部分。

总的来说，新古典犯罪论体系相较于古典犯罪论体系的变化并不大，差异主要表现在三个方面，即主观违法性要素的出现、实质的违法性和实质的责任性。同时，使理论和司法实践都认可了超法规的违法阻却事由和超法规的责任阻却事由。新古典犯罪论体系的阶层构造如下表所示，但核心观点不变，即故意仍然属于责任。

表 3　新古典犯罪论体系中要素的体系归属

不　法		责　任
构成要件符合性	违法性	
客观的构成要件要素包括行为、结果、行为与结果之间的因果关系等； 主观的违法性要素包括目的犯中的目的、倾向犯中的倾向和表现犯中的心理过程。	法定的违法阻却事由包括正当防卫、紧急避险； 超法规的违法阻却事由包括社会相当性、被允许的危险、被害人承诺等。	归责能力； 心理（故意和过失）； 动机（包括动机过程）； 人格； 超法规的责任阻却事由：无期待可能性。

① Vgl. Hegler, Festgabe für Reinhard von Frank zum 70. Geburtstag, Tübingen: Mohr, 1930, S.530.

第三节 古典犯罪论体系和新古典犯罪论体系的危机

一、形式法治国思想弊端丛生

古典犯罪论体系坚持形式法治国的思考，但实际上在古典犯罪论体系产生之前就已经有了形式的和实质的法律思考①，即一方面是形式法（forma legis），指的是法条的字面内容，另一方面是实质法（materia vietae），指向社会生活的内容及其要求。坚持形式法治国的学者认为，法是国家唯一的、真正的统治者②，法官只是裁判者。立法者独立完成了法的创设工作，新出现的社会现象需要被制裁，只能通过新的立法在实定法中再行规定，必须严格遵循罪刑法定原则。法条是法的唯一来源，其他任何来源都不是实证的法，也就是说，只有法条才是法，法条是人类最高程度的理性③，已经产生的法就是正确的法。

坚持形式法治国思想的理由主要分为两点：其一，立法的工作是由立法者完成的，立法工作有着非常高的要求，即已经具备特别完备的立法技术，并且能够将社会上大多数的现象都规定进法律条款当中。这样法官在进行评价时已经有了能够包含所有人类举止的规定，法官的工作就是运用所谓"无漏洞"的法条规定，借助结构性思考，去判断那些已经被规定在法条中的情况。法官只是国家法律的执行者，任何超出

① Vgl. Schiller, Materielles Rechtsdenken in der Rechtssprechung des Reichsgerichts zu den Grundbegriffen der Verbrechenslehre, Leipzig Universität: juristische Fakulität, 1938, S.18.

② 这种观点也可以被称为法绝对主义（Gesetzesabsolutismus），强调法是国家的唯一统治者。

③ Vgl. Schmidt, Strafrechtsreform und Kulturkrise, Tübingen: Mohr, 1931, S.10.

立法者的价值规定的个人判断都是不被允许的，决不允许法官从事任何创造法律的行为。①其二，如果遇到法条条文意思不明确或者有歧义的情形，也不需要法官来创造法律，因为法官可以按照犯罪论体系进行逻辑上的考量，这也是犯罪论体系存在的原因之一。这样一来，刑法的概念就必须越抽象越好。犯罪论体系是一个概念的体系，在这个概念的体系中，任何日常生活中会发生的情况都可以在其中找到相应的位置，法官只需要进行演绎就可以解决问题。

形式法治国思想源自学者对法的发现和运用的思考，该派学者认为，既要追求法的确定性，也要保证判决的连续性，决不能出现法官随意出入罪的情况以及同案不同判的情形，必须保证人的行为自由，保证人能够事先预料到自己的行为会受到什么样的处罚，以绝对排除法官的恣意判决。只有在法没有漏洞，法条也是确定的、意思唯一的法条时，人们才能够信赖法律，知道哪些行为是被允许的，哪些是被禁止的。②

诚然，现代的法学及其法学思考都应该感谢形式法治国思想，立法者开展了大量对法条的收集和统一化的工作，也使得我们现代生活中各种法律概念得到了确定，但是我们依然需要衡量形式法治国思想所带来的优点与弊端。人类社会在不断发展，有越来越多新出现的事物没有被规定在法条当中，形式法治国所坚持的“法是唯一的统治者”的教条越发成为负担，并最终会导致刑法的肥大化。因为如果把法条作为唯一的统治者，那么刑法法条的犯罪圈就会太过宽泛，法条规定的太少，则刑法达不到威慑犯罪的目的；如果想法条没有漏洞，那就必须把刑法的触角延伸到各个角落，以保护国民不受不法的侵害。但是按照古典犯罪论体系的观点，如果要排除法官所有的任意性，就不可避免地

---

① Vgl. Schmidt, Wehrstrafrechtliche Lehren für die allgemeine deutsche Strafrechtsreform, in Zeitschrift für Wehrrecht, Heft 11/12, Berlin u. a.: Schweitzer, 1937, S.503.

② Vgl. Gürtner, Das neue Strafrecht, grundsätzliche Gedanken zum Geleit, 2. Aufl., Berlin: v. Decker, 1936, S.20—23.

会产生“刑事法规的肥大症”问题。①而且，即便立法委员会增加工作量，也无法避免立法相对于社会生活的滞后性，法条和生活的冲突是不可避免的。法条越来越多，冲突却依然存在，那法条在法中的地位就被削弱了。②法官也像自动售货机一样，没有任何的个人要素掺杂在其中，法官不是在判断某案的正义是否得到了伸张，而是在判断案件审理是否符合法条。这也导致法官更加的不独立，在面对犯罪分子产生无力感，甚至失去了工作的热情和法官应有的法感情。③

形式法治国思想不仅不能解决生活与法条之间的矛盾、缓解法的滞后性，甚至还造成了“刑法法规的肥大症”。由此，学者们开始讨论实质的法治国思想的可行性。实质的法治国思想有诸多优点，不应该被视为形式法治国思想的对立面，因为虽然实质的法治国思想对法的来源采用的是实质的法思考，但实质的法思考的来源也是法条。虽然法条不能与法画等号，但是法条依然是法的基础。法条不是最真实的、最原始的法来源，法条只是法的认识手段的一种，同习惯法具有同等的地位与价值。法是随着时代的变化而变化的，但是法条具有稳定性，法条可能保持几十年甚至上百年不变，无论立法者多么有智慧，也不可能对后世的情况有准确的预料。因此，法条绝不可能像古典犯罪论体系所宣称的那样，是“无漏洞”的。纯粹的形式主义并不能保证个案的公正或者正义，因为公正必须做到对具体案件的具体情况，以及对具体行为人的具体行为进行考察。因此，立法者需要给法官留有一定的空间，让法官在明确法条的目的和意义的基础上，采用归纳的(indukitv)而非演绎(deduktiv)的方式对事实进行判断。④法官不是对法进行展开，而是对法条进行补充，因为确实会存在法条空白的情况，却绝不会出现法空

① “刑事法规的肥大症”(Hypertrophie von Strafgesetz)是由拉德布鲁赫作出的形象的表达，参见梁根林：《论犯罪化及其限制》，载《中外法学》1998 年第 3 期，第 52 页。

② Vgl. Reichel, Gesetz und Richterspruch, Zur Orientierung über Rechtsquellen- und Rechtsanwendungslehre der Gegenwart, Zürich: Füssli, 1915, S.20.

③ Ibid., S.17.

④ Vgl. Mezger, Sein und Sollen im Recht, Tübingen: Mohr, 1920, S.76.

白的情形。因为实质的法思考主要是对法条没有规定，但却是对社会生活所要求的一种回应。古典犯罪论体系所采用的概念法学的模式是错误的，导致了对法条的过度迷信。至于古典犯罪论体系所强调的法的确定性和判例的前后一致性也不是亘古不变的，法的确定性只是法的其中一个目标，甚至不是法的最高或是最终目标①，而法官处于裁判性定位上就应当具有法官的人格特征。

综上，实质法思考有很多优点，其一，能够避免形式法治国思想下“刑法法规的肥大症”，因为在实质的法治国思考下，只需要基础性的法条即可；其二，通过对法条的展开与补充，可以有效避免生活的多样性和法条滞后性之间的冲突；其三，法的权威性并没有被削弱，因为法条依然是整个法体系结构中的基础。

此外，形式法治国思想并不能解决法官在审判当中的恣意性问题，反而增加了个案的不公正和法条的臃肿。在实质的法治国思想下，刑法中的不法阶层也是实质性的不法。实质不法的内涵就是具有构成要件符合性和违法性的行为，是对法益的侵害或者危险。摆脱了形式不法的束缚，实质不法的影响下，法益衡量原则（Gütererwägungsprinzip）逐渐在不法当中占据了主流地位，并在此基础上发展出了被容许的风险、被害人承诺等违法阻却事由。这些理论都被学界和实务界所接受和认可，但问题在于，无论是社会相当性还是被容许的风险，都体现着对法益的衡量，因此就必定存在一个价值作为标杆，又怎么可能在不法阶层保持纯粹客观的判断呢？

二、未遂故意与既遂故意的两难矛盾难以调和

从古典犯罪论体系开始便认为过失犯罪不存在未完成形态，只有故意犯罪才存在犯罪未遂。古典犯罪论体系为了限制法官在构成要件阶段进行主观恣意性的判断，因此认为构成要件只能作客观判断，责任

① Vgl. Reichel, Gesetz und Richterspruch, Zur Orientierung über Rechtsquellen- und Rechtsanwendungslehre der Gegenwart, Zürich: Füssli, 1915, S.112.

阶段才谴责行为人决定违反法规范的行为决意。新古典犯罪论体系因为想继续维持客观不法、主观责任的阶层划分标准，仍然把故意定位在责任阶层，所以在未遂犯的可罚性问题上又一次产生了分歧，即客观未遂理论和主观未遂理论的对立。①

客观未遂论完全承继了贝林的古典犯罪论对未遂的认定观点，即未遂之所以可罚是因为行为客观上违法。《帝国刑法典》第 43 条关于未遂的规定是一种刑罚的扩张事由，是从一般的不法和可罚性或者完全符合构成要件的既遂行为，扩张到部分符合构成要件的行为。②客观未遂论最早可以追溯到费尔巴哈的观点，即未遂的行为根据行为的外部完成度、与犯罪有主观的心理联系，以及客观上的危险性，便可以确定其可罚性③，即通过客观构成要件的考察判断其可罚性。所以贝林就认为，未遂的可罚性在于行为只符合了构成要件的开端，不符合结尾，但依然可以表现出完整的构成要件的形式。

主观未遂论当时只是学术界的少数说，却在司法实践中取得了非常重要的地位。帝国法院认为，未遂的可罚性并非来自法条的字面意思，而是从主观内部得出的。因为在未遂当中，存在决定违反刑法规范的犯罪意志，即实现某行为的行为决意。一个行为的未遂并不在于客观上的特定内容未遂，而是行为人特定的实现行为决意的意志没有实现。可能这样的概念解释很难清楚表达主观未遂理论的合理性，所以梅茨格用不能犯未遂来强调主观未遂理论的合理性，例如，拿走陌生人财物，但实际上拿走的是自己的财物的，试图实现自己盗窃的行为决意。但是行为人拿走财物，是行为人设想的，最后也实现了，那么从一般人的角度看，这应该是既遂。但是行为人决定偷走“他人”财物的行

① 两种对立的未遂理论在当时引起了很多学者的争论，具体可参见 Lammasch, Das Moment obejektiver Gefährlichkeit im Begriffe des Verbrechensversuches, Wien: Hölder, 1879, S.2 ff; Schüler G., Der Mangel am Tatbestand, Breslau: Schletter, 1914, S.12 ff。

② Vgl. Mezger, Strafrecht ein Lehrbuch, München und Leipzig: Duncker & Humblot, 1931, S.391.

③ Vgl. Schüler, Der Mangel am Tatbestand, Breslau: Schletter, 1914, S.12 ff.

为决意并没有实现，因而是盗窃未遂。①同样的例子还有，将尸体错认为人，以尸体为射击对象，开枪击中尸体的成立故意杀人未遂等。因此，在未遂犯当中，故意应当例外地作为主观的构成要件要素。

但是无论是客观未遂论还是主观未遂论都没有办法调和与既遂故意之间存在矛盾的问题。

其一，如果贯彻客观未遂论的观点，只要不产生危害结果，那么行为人都不需要承担责任。而未遂之所以要比既遂的处罚轻，就是因为未遂没有造成法益侵害的结果。而刑法之所以将未遂规定进法条之中，就是因为未遂的行为也具有可罚性。但是如果贯彻了客观未遂论，那么所有没有造成损害结果的未遂犯都不可罚，这样无疑放纵了犯罪，而且即便是客观未遂论，也要求与犯罪有主观上的心理联系。

其二，主观未遂论则面临更多的批判。梅茨格以不能犯未遂为例，证明主观未遂论合理性的做法其实是一种偷换概念的做法。因为不能犯未遂中之所以认定为未遂，是因为法益没有受到侵害，实际上还是没有造成客观法益侵害的结果。但是他同时又认为这里的故意是作为例外要素存在于构成要件当中，这成了目的行为论对古典和新古典犯罪论体系批判的着手点，即如果故意在未遂当中属于构成要件要素，那么为什么在既遂的情况下，作为构成要件要素的故意就转移到了责任阶层？

三、古典和新古典犯罪论体系的社会功能缺陷明显

古典犯罪论体系认为构成要件是价值无涉的，把主观要素排除出构成要件，借以注重对法益的保护。新古典犯罪论体系虽然认为构成要件应当是价值有涉，却是价值中立的，依然强调的是法益保护。如果过于注重客观方面法益侵害的保护，则会影响刑法的社会功能。

法益概念的功能当然是值得肯定的，罗克辛教授认为，“法益概念是对法律材料进行详细说明提供的评价准则，一种立法者和法律适用

---

① Vgl. Mezger, Strafrecht ein Lehrbuch, München und Leipzig: Duncker & Humblot, 1931, S.394.

者在制定和解释各种具体条文时都必须引用的评价准则”。[①]而法益概念具有的功能并不仅是一种评价的准则，法益还能够明显化国家刑事权力的界限。[②]正如哈塞默尔（Hassemer）教授所说，“用刑罚威胁来禁止一种行为，而这种禁止不能以法益作为根据，那么这种禁止就可能是国家的错误……对于行为自由的干预就可能不具有体现干预意义的合法根据”。这句话可以从两个方面进行理解：其一，法益是国家刑罚权的根据，只有以法益为根据，才能体现国家刑罚权的正当性；其二，法益不仅彰显国家刑罚权的正当性，也会体现国家刑罚权的不正当性，因为国家可能以法益作为理由，过分干预行为的自由。罗克辛教授自己也曾表达过反对法益过分干涉行为自由的观点，“在那些广泛地把刑事可罚性扩展到具体行为的预备阶段的条文中，或者在惩罚单纯表达思想观念的条文中，根据法治国家的观点，究竟是否允许这样做，是很值得怀疑的”。[③]罗克辛教授的观点其实也很明确，无论是将刑事可罚性扩展到预备阶段，还是扩展到思想犯，都是对行为自由的限制。

质言之，法益的概念非常必要，重视保护法益是国家刑罚权正当性的理由。但是对法益的保护也需要存在一定的限度，不能以法益保护为借口，限制公民的行为自由，否则就会影响正常的社会交往。

古典犯罪论体系恰恰存在过于强调保护法益的弊端。例如，韦尔策尔批判古典犯罪论体系太过注重法益侵害时所举的先行权的例子。A和B各自驾驶汽车朝同一路口驶来，在两车相遇的路口处，A所处的道路具有先行权，而B所处的道路则有让行的义务。恰好在路口处双方视野都被遮挡，而A和B都未减速，导致两车相撞，A和B都因此受伤。[④]如果根据古典和新古典犯罪论体系，构成要件符合性只进行法益

---

①③ ［德］罗克辛：《德国刑法总论》（第1卷），王世洲译，法律出版社2003年版，第17页。

② 参见［德］罗克辛：《德国刑法总论》（第1卷），王世洲译，法律出版社2003年版，第17页。

④ 该设例见［德］韦尔策尔：《目的行为论导论——刑法理论的新图景》，陈璇译，中国人民大学出版社2015年版，第11页。

判断，那么A和B都造成了对方受伤的结果，A和B的行为就都符合交通肇事罪的犯罪构成。B的行为因为在让行路口没有减速让行，导致了A受伤的结果，B的行为在违法性判断上不存在问题。但A的行为显然应当是合法的，因为A的路段享有先行权，其在通过该路口时不必考虑其他方向的来车。但是明明是一个合法的行为，却被认为符合刑法上的构成要件，这不仅与理论相悖，而且也不利于保护正常人的行为自由。因为即便规范接收者遵守了交通规则，或者在日常生活中遵守了法规范，但是只要造成了法益侵害的结果，就被认为是符合构成要件的行为，这会使整个社会变得谨小慎微。

在警察击毙持枪的歹徒，医生给病人做手术等案件中，如果单从法益保护的角度来考虑，那么警察也不能行使职权，医生也不能救死扶伤了。即便古典和新古典犯罪论体系认为违法性阶层要进行积极的判断也不能弥补漏洞。因为违法性阶层的判断依据是整体的法秩序，而构成要件是整体法秩序中的刑法。符合了刑法上的构成要件，且没有违法阻却事由，但却又不违反整体的法秩序，这从逻辑上也说不通。

除此之外，古典犯罪论体系和新古典犯罪论体系所谓的法益保护，并不能真正地保护法益，因为古典和新古典犯罪论体系介入犯罪时，犯罪结果已经发生，此时强调法益之于刑罚正当性的观点，并不是真正保护了法益，而是一种事后报应，最后也达不到法益保护的目的。

具体来说，如果完全贯彻古典和新古典犯罪论体系只注重法益保护的思想，那么刑罚就仍然是最原始的报应刑。报应刑是一种同态复仇。黑格尔曾说，“犯罪的扬弃是报复，因为从概念上说，报复是对侵害的侵害，犯罪具有在质与量上的一定范围，从而犯罪的否定，也是同样具有在质与量上的一定范围，但是……（两者）不是侵害行为特种性状的等同，而是侵害行为自在地存在的等同，即价值的等同”。[①]这句话也可以理解为，刑罚作为对犯罪的否定评价，其质与量和犯罪是等同的，

① ［德］黑格尔：《法哲学原理》，范扬、张企泰译，商务印书馆1979年版，第104页。

这种等同不体现在具体的形式上，而是体现在内在价值上的等同。[①]古典和新古典犯罪论体系显然是继承了这种思想，或者仍然存在同态复仇价值观的残余，最终也不能实现法益保护的目的。

① 参见邱兴隆：《从复仇到该当——报应刑的生命路程》，载《法律科学》2000 年第 2 期，第 87 页。

第三章
目的行为论体系中故意的体系地位

第一节 目的行为论犯罪论体系的整体构造

一、目的行为论的哲学基础及其构想

(一) 目的行为论的哲学基础

如果人们考察韦尔策尔的法哲学和刑法教义学,或早或晚都会面对其物本逻辑(sachlogische Struktur)。韦尔策尔认为无论是贝林、李斯特所倡导的自然主义的思考方式,还是新古典犯罪论体系所提出的价值相对主义(Wertrelativismus)和规范主义(Normativismus),都不能清楚表述刑法结构的事实符合性。①他认为实证的法只能研究与法条评价有关的本体特征②,但如果人们不能正确把握其事实上的基础,那么人们不仅不能给法律规定一个准确的定位,甚至都不能准确地理解法律规定。“有价值的存在”(werthaftes Sein)的出现先于任何理论或

---

① Vgl. Welzel, Abhandlungen zum Strafrecht und zur Rechtsphilosophie, Berlin u. New York: Walter de Gruyter, 1975, S.23. 巴奇加卢波(Bacigalupo)也曾评价韦尔策尔的作品是对“实证主义和新康德主义的批判”。

② Ibid., S.26.

者概念，如果只是采用古典犯罪论体系的形而上学的概念，只会使我们的生活形象越来越萎缩。[①]因此，韦尔策尔想要把本体论的观点和价值论的观点、事实与价值结合起来，以避免古典和新古典犯罪论体系价值中立的思考方式所带来的错误结论。韦尔策尔开始用目的性来取代古典犯罪论体系的因果引起的表述，即只是由意志所操控的流程还不是韦尔策尔所说的人的行为，只有目的性的活动才是行为。人的行为的目的性结构对刑法规范来说具有决定性意义，法律的禁止或者允许规范想要塑造的并不是盲目的因果流程，而是只有有目的性的举止才能成为规范所想塑造的行为。因此，规范只能允许或者禁止有目的性的举止。[②]

相较于其他学者"替"韦尔策尔找到的理论起源，即来自尼古拉·哈特曼(Nicola Hartmann)的哲学体系，其本人认为自己的思考更多的是来自思维心理学。[③]但是哈特曼的观点还是对韦尔策尔的行为定义产生了巨大的影响，至少是影响了其"目的性"这一术语的产生。[④]韦尔策尔指责现象学在区分事实和本质时太过死板。同样死板的还有新康德主义，这会产生一道不公正的鸿沟。韦尔策尔认为这种鸿沟存在于当为的要求中，这种要求对人的存在与外部客观价值都有影响，但是却使人丧失了特殊地位。纪律与自律之间的转换指向了人的某种生理前提，但除此之外，人的其他生理特征都是指人的能力，即具有能够有计划的、有目的地操控自己行为的能力，这就把人的反射行为和动物的行为排除出行为的范畴。这种行为的概念与哈特曼其实不谋而合，哈特曼的行为分为三个要素，即决意、意志冲动和结果，主体没有目的的设定，就

① Vgl. Welzel, Naturalismus und Wertphilosophie—Untersuchungen über die ideologischen Grundlage der Strafrechtswissenschaft, Mannheim a.: Deut. Drucku. Verl., 1935, S.75.

② Vgl. Welzel, Das neue Bild des Strafrechtssystems, Göttingen: OTTO Schwartz, 1961, S.4 f.

③ Ibid., Vorwort.

④ Vgl. Welzel, Abhandlungen zum Strafrecht und zur Rechtsphilosophie, Berlin New York: Walter de Gruyter, 1975, S.37.

不能称为行为,而只是事件,因为主体不能被归责。况且只有行为才可以对他人进行归责,事件永远都不能进行归责。哈特曼这种区分因果和目的性的论调就被韦尔策尔纳入目的行为论当中,而且哈特曼的行为三要素也可以在韦尔策尔的行为要素中找到踪影。

所以韦尔策尔的哲学基础其实是一种折中的哲学思考,还是部分基于新康德主义。他试图寻找一个物本逻辑的结构,寻找立法者可以拿来作为一个人类学恒量使用的现象,能够超越不同的价值观、意识形态,不依赖于具体国别的刑事政策,具有普适价值的刑法学理论。①"如果想把行为规范化,就必须预先规定人的行为的类型化结构,不允许立法进行变更的结构分类。"②基于对行为的这种理解,目的行为论又一次把行为作为刑法理论的核心要素,被自然主义摒弃的行为本体论的结构形式又重新回到了刑法的舞台。目的行为论和前自然主义行为论十分相关,韦尔策尔因此认为自然主义是一种异端,试图以纯粹的因果状态来描写外部世界,并且与人的内心世界进行严格区分,但是完全区分开行为人的心理设想和外部世界的变动(行为)是绝对不可能的。所以古典犯罪论体系学者们的功劳是区分了构成要件符合性、违法性和有责性阶层,至于行为的概念,在体系中无法找到接入点,是目的行为论体系将行为还原为行为。③

在韦尔策尔的理念中,责任是违法行为的答责性,行为承载着意志,所以责任是意志形成的可非难性。④因此,韦尔策尔的责任也都是

① 参见[德]许乃曼:《刑法体系与刑事政策》,王效文译,载许玉秀等编《不移不惑献身法与正义——许乃曼刑事法论文选辑》,新学林出版股份有限公司 2006 年版,第 45 页。许乃曼教授就指出,目的行为论的主张是想找到人类学的恒量因素,可以让立法者直接适用,而不用考虑刑事政策的目标,从而达到约束立法者的目的。这是目的行为论发展物本逻辑结构的原因,也使目的行为论在刑法与刑事政策关系上比李斯特更加激进,即刑事政策只具有次要附属性的地位。

② Vgl. Welzel, Naturrecht und Rechtspositivismus, in: Abhandlungen zum Strafrecht und zur Rechtsphilosophie, Berlin: De Gruyter, 1975, S.274, 285.

③ Vgl. Welzel, Das deutsche Strafrecht, 11. Aufl., Berlin: Walter de Gruyter, 1969, S.39.

④ Ibid., S.138.

意志的责任，两个犯罪论体系之间的巨大差别就必然首先存在于行为概念中。

（二）目的行为论的行为概念

目的行为论体系否定了古典犯罪论体系认为人类的行为是纯粹因果的事件，而是认为人类的行为是有目的指向性的，但又不完全是纯粹任意性的行为，即行为是人对目的性的执行。以本体论作为哲学基础的目的行为论赢得了当时很多学者的称道，但并非所有学者都完全赞同。例如，博科尔曼（Bockelmann）就曾说过“关于韦尔策尔用本体论作为行为概念更深层次理由的正确性，很少有人会愿意轻易地与其开启争端”①，梅茨格甚至比博科尔曼更加肯定本体事实。尽管如此，他们还是否定了韦尔策尔主张的行为的目的性：“人类学上的、法学之前的行为概念确实能把握故意的举止，但刑法上的行为概念却不能采用这种分类方式。”因此，博科尔曼等人肯定目的性对于本体行为的意义，却否定其应用在刑法行为概念中。与此相反，韦尔策尔却坚持认为，行为的概念在法律上和在生活上没有什么不同。

博科尔曼以一个例子来否定目的性是行为的特性，甲仅有开枪的意志，向空中开枪，但是却打死了一个人，那么甲既没有杀人的认识，也没有杀人的意志，但这仍然是一个杀人的行为，因此，没有目的的行为也是行为的一种。但这不得不说只是修正的因果行为论而已。从贝林、李斯特最初所主张的有意行为说，到埃贝哈特·施密特提出的以社会行为论修正因果行为论，不再只把行为看成自然-心理的现象，而是看成一种社会现象，认为行为应当是一种“价值中立，却价值有涉”（wertfreier, aber wertbezogener）的行为概念。②可以肯定的是，通过这种修正、纯粹的因果行为论概念已经不复诞生之时的生命力了，其最初强调的价值无涉已经不再能站得住脚。因果行为论的着眼点只

① Bockelmann, Über das verhältnis von täterschaft und teilnahme. Göttingen: Karl Friedrich Fleischer, 1949, S.31.

② Vgl. Liszt Schmidt, Lehrbuch des deutschen Strafrechts, 26 Aufl., Berlin: de Gruyter, 1932, S.153.

在行为的外部面，把行为的外部面与内部面意志的内容完全割裂开来，行为人需要为身体动静所引起的外部变化承担责任，而并不是为行为人意欲的内容答责，这在博科尔曼的例子中就体现得非常明显。如果说这是一种行为，那枪手在没有杀人意志的情况下，只有扣动扳机、开枪的意志，认定射击行为是在这种意志操控下的身体动静，那么行为人死亡的结果就是行为引起的，尽管射击者根本没有杀人的意志。

有鉴于此，韦尔策尔抛出了其对因果行为论的质疑：人的行为的本质能否只通过外部面的考察便能够得到阐明。行为本体性的特点并不在于行为的外部面，而是外部面可以回溯到的内部面的意志活动，是行为人经过对结果深思熟虑形成的行为决意，并在这种决意基础上，借助于对流程的因果认识，操控着对结果的追求。行为的特征取决于支配着外部面的内部面，也就是“目的”，目的性的意志既塑造了意志的形成阶段，也塑造了意志面向外部的实现阶段。换句话说，意志是整个行为的核心部分，目的的重要性远远超过因果性。

其一，行为的基础构造是有目的性的。行为人要先在思维领域预先设定希望实现的目标，并为此目标在思想上挑选必要的手段。此外，对附随结果也会加以考虑，目标的实现虽然意味着否定想要附随结果出现的意志，但是当结果出现时，附随结果也可以归责于行为人的行为意志。①换句话说，虽然附随结果并非行为人所意愿，但是行为人应当产生阻止附随结果的意志而未产生，那么当附随结果发生时，也存在行为人的目的。人可以基于其洞察力和因果预知的能力，来有计划地引导其指向目的性的行为。②韦尔策尔的行为论构建了行为主体与外界变动的特殊关系，这种关系超越了纯粹的因果。所有通过人的意志确定的因果事件，都是有目的指向的行为。“如果说古典犯罪论体系的因

① 参见[德]韦尔策尔:《目的行为论导论——刑法理论的新图景》，陈璇译，中国人民大学出版社 2015 年版，第 3 页。

② 同上书，第 1 页。

果行为论是盲目的，那么目的性就是‘注视着的’。”①思维领域的设想是第一个阶段。目的性的行为还有第二个阶段，即按照第一阶段所设想的内容，在现实中予以实现。那么无论是第一阶段与第二阶段的区分，还是主结果与附随结果的区分，都展现出目的行为与康德的行为概念极为相似。

其二，刑法规范针对的对象也是有目的性的。刑法不能针对盲目的因果流程，而只能针对那些以目的为导向的将来可能发生的行为，刑法规范要求或者禁止的行为必须具有目的性。②规范在韦尔策尔看来应当被分为三种类型：第一类规范涉及刑法所禁止的行为，这种规范禁止不受欢迎的结果，这里的结果就是行为的目标、手段甚至是一个附随结果；第二类规范涉及行为手段的应用或者选择，并要求符合最低限度的某种要求，即在交往中须具有一定程度的注意；第三类规范则要求行为人实施被要求的行为，阻止不受欢迎的结果。③这三种规范都体现了法规范要求或者禁止行为的标准，即行为必须具有目的性，人的行为不能只是承载了行为人意志的因果流程，还应该是有目的性的活动。目的性就涉及人的能力、在已知的界限内侵害行为的结果，以及通过行为人选定的手段有计划地操纵因果流程，以使行为朝其计划的方向发展。④

所以目的行为论认为，所有的行为都是人类目的的实现。行为的组成部分包括三个方面，即目的性对因果流程的操控、意志和意志的活

① Vgl. Welzel, Das deutsche Strafrecht, 11. Aufl., Berlin: Walter de Gruyter, 1969, S.1. 实际上，韦尔策尔的这句话也来自哈特曼的心理学：“目的链的真正动力符合理想化的当为。目的链不像因果链一样，盲目地、毫不关心地推动着结果的发展。相反，目的链好像是‘注视着的’，其实它不仅是好像，它事实上就是‘预先拟定的’，他预测并且通过目的链来预定事情的终点。” Vgl. Hartmann, Nicolai: Ethik, 4. Aufl., Berlin: De Gruyter, 1962, S.198.

② 参见[德]韦尔策尔：《目的行为论导论——刑法理论的新图景》，陈璇译，中国人民大学出版社 2015 年版，第 6 页。

③ 同上书，第 5—6 页。

④ Vgl. Jescheck Weigend, Lehrbuch des Strafrechts AT, 5. Aufl., Berlin: Duncker & Humblot, 1996, S.209.

动。不过值得一提的是，对于是否应当把因果关系和设想的结果纳入行为概念中，目的行为论者之间还存在争议。韦尔策尔认为，通过意志确定的、目的性引起的因果流程，直到达到所设想的结果都应当归为行为的要素。如果结果未发生，那么尽管行为人有完整的故意杀人的计划，并且为了杀人去购买了枪支，行为人的行为也不是一个杀人的行为，而只是一个未遂的杀人行为。①

表 4　韦尔策尔的行为概念

行为的定义	1. 行为是人对目的活动的执行(《目的行为论导论——刑法理论的新图景》)； 2. 行为是设定了目标的意志所支配的真实的意义统一体。②
行为的要素	1. 目的性意志： (1) 设定预期目标； (2) 选择达到目标所要求的手段； (3) 考量附随结果； 2. 在现实中实现其行为(付诸实施的因果要素和身体动静)； 3. 因果流程(包括因果关系)； 4. 结果的出现。

而另外一位重要的目的行为论者毛拉赫则认为，只有对目标和结果的设想属于行为的要素。

表 5　毛拉赫的行为概念

行为的定义	行为是行为人指向特定结果的意志所支配的社会上重要的举止。
行为的要素	1. 目的性的意志； 2. 意志活动(结果和因果关系都不是行为概念的组成部分，而是构成要件的内容)。

但是两位学者在意志属于行为的问题上是一致的，认为意志的内容是行为人所欲的，并基于这种意志追求其目的，如果缺少了意志，缺少了主观面，缺少了最内部的本质要素，那就破坏了行为的完整性。行

① Vgl. Welzel, Das deutsche Strafrecht, 11. Aufl., Berlin: Walter de Gruyter, 1969, S.39.

② 此种定义可以在韦尔策尔 1939 年发表在《整体刑法学》杂志上的《刑法学研究》一文中找到，但实际上两种定义并无区别。Vgl. Welzel, Das Studium zum Strafrecht, in: ZStW, 1939, S.503.

为的特征判断并不只是根据行为客观上引起了什么样的结果，而是根据哪些意志有目的性地被实现。综上可以得出一个结论，即故意是行为的一部分。因为故意在法的领域上就是目的本体上分类的一种表达方式，即故意就是法律上重要的目的。在刑法上，符合构成要件的不法行为的内部面就是刑法上重要的目的。

韦尔策尔反对将有意性（Willkürlichkeit）要素作为目的，因为有意性只是有希望的事实存在，而没有希望的内容，有意性与目的的本体分类没有任何关系，与每一个追求的目标都无关。而梅茨格则没有区分有意性和目的性两个概念，“行为作为人的举止的存在表象，是有意愿的作为或者不作为，我们只需要关注其在作为或者不作为的过程中是否有意愿，至于个案的犯罪行为究竟有什么具体的意愿，应该在主观不法要素和责任论中故意和过失的责任形式中才予以考虑”。也因此受到了韦尔策尔的强烈批判，任何人的意思都存在目的，没有无目的的意思（Kein Wollen ohne Zweck）。梅茨格忽视了韦尔策尔并没有区分本体论上的目的行为和刑法上的目的行为，换句话说，意志的内容是行为不可分割的一部分，被韦尔策尔引入了刑法领域。目的性与有意性的关系不像梅茨格所质疑的那样，“难道在有犯罪意愿的情况下，行为人就不仅是有意性的行为，而是有目的的行为。在无犯罪意图的情况下，行为人就只能有意性地行为了？”答案其实正好相反，在日常生活中，有“善”的目的的就是“善”的行为。在刑法当中就是有指向符合构成要件的犯罪目的的，才是犯罪行为，换句话说，即具有犯罪故意的，才是犯罪意义上的行为。

二、目的行为论的体系的构造

（一）目的行为论体系的构成要件

一个行为之所以能够成为犯罪，是因为它以法定构成要件规定的方式侵害了大家共同遵守的规定，并且对行为人也能够进行非难。也就是说，行为必须符合构成要件，而且还具有违法性。责任以犯罪的违法性为前提，从违法性的角度来说，法定构成要件又应先于其具体化。三个要素是存在逻辑上的先后关系的，后一个要素以前一个要素为前提。①新古典犯罪论体系将构成要件符合性和违法性合为不法阶层，这种观点也被目的行为论的犯罪论体系所承继，具备了构成要件符合性原则上就认为行为具有违法性，然后在违法性阶层消极地查明是否存在正当化事由。

抛开目的行为论对所有主观要素体系地位的影响，韦尔策尔对构成要件阶层的变更不能说是革命性变更，但可以说是大修大补，最重要的就是提出了开放的构成要件。如果构成要件不具有明确性，那不仅是公民不能知道自己应当做什么，应当不做什么，法官也无法判断，究竟对行为人应当处以什么样的刑罚。所以古典犯罪论体系明确规定了禁止规范，对举止规范有了事实性的、明确性的描写。宪法的基本原则也要求犯罪行为的可罚性必须是由法条所确定的，对犯罪举止的唯一性特征要穷尽描述，如对故意杀人罪的描述。但是这种构成要件毕竟只是少数，刑法的滞后性同时代表着立法者不可能对所有法条想要具有的特征都穷尽描述。因此，更多的构成要件需要留给法官进行补充，这种开放的构成要件多存在于过失犯罪或者不真正不作为犯罪当中。②在过失犯中，法条通常只对结果事实(法益侵害或者法益侵害的危险)进行规定，对于应当禁止的行为，通常都由法官以未遵守"交往中必要的谨慎"来确定行为人是否符合某构成要件。在不真正不作为犯时，法条一般不规定不作为者的正犯性，而是由法官从"保证人地位"的观点来加以补充。③因此，对过失犯和不真正不作为犯来说，构成要件都是开放性的，这种开放的构成要件部分法定，部分由法官补充。④

韦尔策尔虽然认为开放的构成要件有损法治国可罚性的确定性，但是这都与过失犯和不真正不作为犯的"事实特性"有关，即过失犯禁

① Vgl. Welzel, Das deutsche Strafrecht, 11. Aufl., Berlin: Walter de Gruyter, 1969, S.48.

②③④ Ibid., S.50.

止的行为方式太过多面化，不能用抽象的概念完全呈现出来。对不真正不作为犯也是一样，否则要么轻纵了犯罪嫌疑人，要么造成冤假错案。所以最好的解决办法就是让法官以“交往中必要的谨慎”和“保证人地位”，作为处理两种案件类型的充足理由。①除此之外，部分作为的故意犯罪也被认为存在开放的构成要件，如《德国刑法典》第 253 条规定的敲诈勒索罪。与过失犯和不真正不作为犯完全相反，敲诈勒索罪缺乏客观指导形象，虽然有较为明确的规定，但不足以在司法实践当中加以认定，还需要法官自己补充部分构成要件。

韦尔策尔主张开放的构成要件，但是坚持了梅茨格的存在根据说，无论是穷尽描述的还是由法官进行补充的构成要件，其内容都是刑法上的禁止规范。构成要件描绘了人可能的举止方式，规范就是这些举止规范的实现形式，所以构成要件的实现是对禁止规范的违反，但是还不是违法性。比如，执行法院死刑判决的武警杀人和普通人日常生活中杀人就完全不同，武警枪决已决犯符合法律的规定，是合法地实现了禁止性规范，但日常生活中的杀人行为却违反了禁止性规范。违法性的判断标准是被实现的构成要件违反了整个法秩序，而非单个的法规范。所以开放的构成要件并没有对犯罪论阶层作过度的变更，违法性就明确地作为消极的价值判断，作为构成要件逻辑上的递进，共同处于不法阶层。

（二）目的行为论体系的违法性

目的论体系并未对新古典犯罪论体系的违法性阶层作结构性变化，主要表现为以下三点。首先，违法性还是作为对符合构成要件的举止消极的价值判断或者非价判断，因为法律规定是通过规范创造一个有价值的社会生活秩序，符合构成要件的违法的举止就破坏了这种状态，所以才称违法性为“消极的价值评价”，或者把符合构成要件的举止作为“非价判断”。②其次，目的论体系中的违法性判断是一个客观的价

① Vgl. Welzel, Das deutsche Strafrecht, 11. Aufl., Berlin: Walter de Gruyter, 1969, S.50.

② Ibid., S.51.

值判断。这种表述引起了学界对目的论体系的批判，既坚持故意等主观要素属于行为，同时又强调违法性的客观性，岂不是又肯定了违法性只涉及行为的客观外部面？但实际上这是一种误解，违法性的客观性只是价值判断上的客观性，其判断的对象是行为，是人的符合构成要件的举止，仍然是客观要素与主观要素的统一体。最后，不法是部门法上的概念，而违法性是统一的、更广义的概念。①尽管有很多学者混淆使用两个概念，但不法的概念与违法性的概念并不等同。不法有刑事的不法，也有民事的、行政法上的不法，但是违法性是统一的。违法性是构成要件的实现与法规定的要求之间的落差，包括民法与行政法，民法上的违法性也是违反的这个统一的法秩序。不法其实是实质性的，是违法举止本身，违法性是该举止的特性。②质言之，符合构成要件的违法性才是不法。

韦尔策尔认为严格区分客观不法与主观责任的古典犯罪论体系，在自身内部就发生了动摇。新古典犯罪论体系发现的主观不法要素已经证明了不法不可能是纯粹客观的要素，而是与主观要素共同确定的。单单是拿走陌生人的财产还不能满足盗窃罪的构成要件，因为行为人还必须具备占有的意志。韦尔策尔驳斥了梅茨格认为主观要素只是例外的说法，并进一步通过故意在未遂当中属于不法要素，在既遂当中就成为责任要素的不合理性，否认古典犯罪论体系将故意从属于责任要素，排除出不法要素范畴的观点。以《德国刑法典》第 212 条故意杀人罪和第 223 条故意伤害罪，以及第 222 条过失致人死亡罪为例，如果故意不属于构成要件阶层，那根本就没有办法区分三种犯罪构成。这实

① Vgl. Welzel, Das deutsche Strafrecht, 11. Aufl., Berlin: Walter de Gruyter, 1969, S.52.

② 违法性阶层自产生以来便是消极地判断有无排除行为违法性的情形，因为具备构成要件符合性便间接证明其行为事实违反了刑法，当然也就处在更为宽泛的违法性阶层之下。但如果法秩序应当容忍该情形，那么这个行为就没有违反法规范的期待。因此笔者认为，既然这个法规范是整体的法规范，那么只要三阶层的结构不变，对违法性的理解不发生颠覆性变化，除了会发展出新的超法规的违法阻却事由之外，违法性阶层不会有任何的变化。

际上证明了故意不是到责任阶层才成为犯罪论体系的一部分，而是在阶层体系的伊始便作为构成要件的要素。①不只是故意成为构成要件要素，除故意之外的其他指向目的的一般性主观个人要素，也大多存在于构成要件，或者说存在于主观的人的不法要素当中。那么目的行为论的责任阶层还留有什么呢？

（三）目的行为论体系的责任

1. 责任能力作为可非难性的前提

责任是违法行为的答责性。违法性是行为与法律规定之间的矛盾，但责任不能在行为和法律规范之间作重复评价。因此，责任所作的是对行为人个人的非难，即行为人本来可以不为违法行为却坚持形成行为决意的可非难性。行为人能否合规范地形成意志决定的判断不是从任意一般人的角度得出的，而是站在行为人本人的角度，在该特定情况下作出的判断，行为人具有能够实施规范所要求的最低限度的目的性操控，即行为人具有能够形成合规范的行为动机的能力。②但是在目的行为论者看来，责任能力并不是责任的内容，而是责任的前提。因为责任的内容即可非难性的内容，在确定责任内容具有可非难性前，首先要查明行为人是否能够正确地形成意志，责任能力是为了判断行为人是否能够为自己的行为答责，即是否存在意志自由。韦尔策尔从三个角度来考察该问题。

首先，从人类学的角度来说，只有人类具有意志自由。人不同于动物举止的先天性和本能性，人能够积极地认清自己行为的正确性，并在此基础上作出决定，人具有遵循某种价值与规范的能力。因此，人的精神是受到某种标准的约束的，在人摆脱该精神约束的同时，就意味着人要对自己的举止答责。这就把人类从存在角度，而不仅是从理性的角度与动物的世界区分开来。③

---

① Vgl. Welzel, Das deutsche Strafrecht, 11. Aufl., Berlin: Walter de Gruyter, 1969, S.53.

② 参见[德]韦尔策尔:《目的行为论导论——刑法理论的新图景》，陈璇译，中国人民大学出版社 2015 年版，第 57 页。

③ 同上书，第 59 页。

其次，从性格学的角度考察，有意识的举动应当与本能的举动区分开来。人具有多层次的欲望与追求，欲望与追求成为外部因果活动的心理驱动力，“自我”又是操控所有心理驱动力的中心，指引驱动力的方向。驱动力之间也存在着冲突，当两个或者多个驱动力（Antriebskraft）之间发生冲突时，“自我”所操控的驱动力占据了支配地位，从而形成行为决意。人类可以战胜其本能，获得这种调节和操控的能力，就应当对这种操控能力答责。

最后，从范畴论的角度考察，可以清楚考察人如何具有意志自由。人的思维步骤是理性的，“自我”所操控的驱动力也是理性的，人有认知的驱动力，即有能力为认知活动承担责任。如果这种认知是理性的，不是盲目的，并合乎意义地对自己加以决定的能力，那么人就具有意志自由。

意志自由是可非难的前提，但是通过上述的分析可知，只有人的行为才有意志自由，而且行为不能源自人的本能反应，不能是行为人无法通过“自我”进行操控的行为，换句话说，行为人应当具有责任能力。因为不具有意志自由的人就没有办法进行自我决定，比如，精神病患者和年幼的孩童，就都没有自由决定的能力，因而应当否定其具有意志自由。

目的论体系把故意和过失前置到构成要件阶层，那么责任阶层就剩下了责任能力、违法性认识和期待可能性三个要素，但是韦尔策尔认为意志自由是可非难性的前提，那么决定是否存在意志自由的存在性要素责任能力也必须作为责任的前提存在，于是在责任阶层就只剩下两个要素，即违法性认识和期待可能性。

2. 违法性认识的可能性

古典犯罪论体系以因果行为论为基础，将故意作为责任的组成部分，而违法性认识及其可能性属于心理事实的要素，应当作为故意的构成要素，违法性认识直接关系到故意的成立与否，即“故意说”。①但目

① 参见谢望原、柳忠卫：《犯罪成立视野中的违法性认识》，载《法学评论》2003 年第 3 期，第 23 页。

的行为论认为违法性认识应当是责任的组成部分，而非故意的组成部分，即"责任说"。

故意说认为，故意是责任的构成要素，位于构成要件符合性和违法性阶层之后，而故意的认识对象既应当包括构成要件，也应当包含违法性。也就是说，行为人对构成要件和违法性的认识都是成立犯罪缺一不可的要素，即使具备对构成要件的认识，但如果缺乏违法性认识，也应当排除故意的存在，这是三阶层推理的必然逻辑结果。

对于这种观点，目的行为论者认为存在非常大的漏洞。因为故意要求对构成要件要素有即时的认识尚且可以理解，但很难要求行为人对违法性也有即时的认识，尤其是对于激情犯罪而言，行为人在犯罪的瞬间根本没有可能去考虑违法性问题，如果此时要求行为必须具有违法性认识，那么就会导致轻纵犯罪。古典犯罪论者提出了弥补性观点，如施罗德(Schröder)创立"法律过失罪"和梅茨格提出的"法敌对的举动不重要"的观点，都是拆东补西，没有解决故意说的根本性问题。

韦尔策尔据此得出故意不是责任非难的内容，而是责任非难的对象的观点。认为故意应当属于构成要件和行为的内容，违法性认识依然作为犯罪成立的要素，应当留在责任阶层，继续作为可非难性的内容。因为违法性认识还是判断行为人对抗法的意思的强烈程度的标准，在具有违法性认识，或者具有违法性认识可能的情况下，行为人仍然作出了违法的自我决定，那么行为人就具有更高程度的可谴责性。韦尔策尔还以此为理由反驳古典论者"故意过失在责任当中就没有办法区分"的观点，认为违法性认识的存在与否完全可以起到替代，甚至是深化故意和过失在责任中所起到的区分作用，并在此基础上提出禁止错误和构成要件错误的区分，成为目前刑法学界的共识。

3. 期待可能性

在责任阶层内部，期待可能性的逻辑顺位也要排在违法性认识之后。因为只有在有责任能力的行为人处在具体的需要作决定的情境之中，确定了违法性认识之后，作出了违法的行为决定的时候才需判断，如果此时法律没有期待行为人为合法行为的可能,那么也不能就该行为对行为人进行非难。

在过失犯中,期待可能性的应用非常广泛,如德国著名的“癖马案”(Leinenfängerfall)。而在故意犯中,法律对行为人提出了更高的期待可能性。因此,并不在责任阶段进行一般性的期待可能性考察,只在判断是否存在阻却责任的紧急避险的情况下才会考察期待可能性。

三、评　　判

抛开目的行为概念对整个犯罪论体系的巨大宏观影响,其实更应当考察的是为什么会产生如此重大的影响。通过前面的考察可以发现,对体系地位的变革起决定性作用的不是故意概念本身,而是故意的体系地位变更。古典犯罪论体系中,构成要件只是一种观念形象,描述的只是一种轮廓,并不具有指导意义。因为作为构成要件,越抽象越能够保证构成要件本身的客观性,至于在责任当中作主观的判断会导致严重违背其事实与价值二元区分的哲学取向,古典论体系并没有作过多的考虑。但是目的行为论把故意前置到构成要件阶层,构成要件的形象比古典犯罪论体系要丰富许多,但是构成要件作为一个纯概念性的形象,无法撑起其丰富性的需要。因此,尽管开放的构成要件论会导致构成要件的违法性征表功能受到影响,在德国刑法学界和实务界都遭到了拒绝,但是开放的构成要件依然是目的行为论体系的必然要求。

除故意之外,其他一些有关意志实现的主观要素也都前置到了构成要件阶层。具备构成要件符合性原则上被认为已经具备违法性,构成要件符合性阶层和违法性阶层共同组成不法阶层。虽然这种观点是梅茨格提出的,但是梅茨格认为主观要素进入不法只是例外,不法还不能算是完整的不法,缺少了主观要素的观念指导形象就不是完整的观念指导形象。韦尔策尔还严格区分违法性和不法两个概念,将不法作为一个集合性的概念与责任相对。这样做也是为了确保其前置了故意之后的区分标准的正确性,即不法是意志的实现,而意志的形成是责任。

将意志的形成归于责任，那么以意志自由和自我答责作为基础，责任能力就不能作为责任的内容，而只能是责任的前提。责任能力只是证明行为人有能力认识违法性，有能力期待其为合法行为的可能，而并非责任非难的对象，所以责任能力必须处于责任阶层的逻辑顺位之前。因此，被认为掏空了的责任阶层其实连责任能力都一并被掏出了，责任阶层只剩下违法性认识和期待可能性。违法性认识是通过体系上的逻辑结构得出的，因为韦尔策尔的智识性要素要求行为人对构成要件有认识，那么作为对第二个阶层的认识，违法性认识必然存在。故意即是认识因素和意志因素的统一体，按照逻辑结构来说，故意应当包含违法性认识，但是故意被前置到构成要件阶层，又需要将违法性认识保留在责任当中，韦尔策尔不得不将违法性认识剥离故意的范畴，论证其单独存在于责任阶层的合理性。但实际上韦尔策尔所提出的禁止错误和构成要件错误在违法性作为责任故意的内容时，也不影响两者的区分。而期待可能性也是论证其区分意志形成与意志实现合理性的理由，因为行为人在具有违法性认识的情况下，本应该期待其为合法行为、不为非法行为，但是行为人依然作出了实施违法行为的决定，因此具有期待可能性的行为人形成的意志就具有可非难性。

总之，体系的巨大变动，包括现在学界所争论的各种体系问题，其问题的源头可以追溯到目的行为论体系把故意等主观要素前置到构成要件阶层，比如，行为无价值和结果无价值的争论中就将故意的体系地位列为两者争论的内容，但实际上这是一种误解，将原因误认为是结果，那么无论是采取何种立场，最终的结论都只是循环论证而已。

第二节　目的行为论体系中的故意

之所以要在目的行为论体系中强调目的行为的概念，是因为其首倡者韦尔策尔强调，法律尤其是刑法，与社会生活的各种现象紧密相关。所以“每一个本体论上的存在结构及其内部构造原则”都应得到法律的认可和尊重，法律也必须认可和尊重其构造，即便是立法者，也不能任意地创设，更不能忽视行为的构造。①质言之，本体论的范畴内的行为概念，已经通过目的的分类打上了标签，如果其想要在社会生活中适用，就必须也在法律的范畴内，借助行为的概念实现。那么刑法上认为重要的目的——犯罪故意，就应当作为行为概念的标识和组成部分而适用。

即便是梅茨格也不得不承认“将故意与意志等同，从而将故意视为行为的组成部分”的结论是正确的，在逻辑上找不到漏洞。②但是梅茨格仍然不愿意采纳目的行为论将故意归为不法的观点。理由是百余年来，故意都是责任的一种形式，是确定的责任要素，将故意归为不法既与现行法相悖，也不符合传统语言习惯。有学者批判梅茨格说，“如果对每一种传统都保持着这种敬畏，就好比在通往真相的道路上踩着刹车，那干脆停留在青铜时代好了”。

《帝国刑法典》所能够抽象出的教义学内容只有形式的犯罪概念，即犯罪行为是具备构成要件符合性、违法性和有责性的行为。但是法条并没有确定法典意义下的行为、违法性和责任的内涵。从刑法教材存在开始，对这些问题的理解与解答就层出不穷，但是每一个学说的出发点都不是刑法的需求，而是从各自体系的内涵和逻辑的自洽出发。然而，经过古典犯罪论体系与因果行为论的洗礼，行为作为犯罪概念的

---

① Vgl. Mezger, Moderne Wege zur Strafrechtsdogmatik, Berlin: Duncker & Humblot, 1950, S.10.

② 梅茨格这里的观点是针对目的行为论另外一个大师毛拉赫在 1948 年的《刑法总论》中的观点提出的，如毛拉赫在第 13 章中提出，“我们得出结论，意志是行为的组成部分”。其后，又在第 17 章中提出，“构成要件作为类型化的行为已经得到了认可。意志包括了构成要件的主观部分，客观事件原则上都承载着行为人的意志。质言之，故意是有目的地指向构成要件实现的意志”，并指出“如果意志的内涵和构成要件完全一致的话，那么意志在刑法上是作为故意而具有十分重要的地位的”。可见，毛拉赫在故意属于行为的问题上与韦尔策尔的观点完全一致。

核心已经没有太多的争议，目的行为论的基本教义学框架也是自因果行为论的概念发展而来的，因果行为论并不会比目的行为论更契合现行法。

因果行为论所强调的教义学上的观点基本可以概括为以下三点。其一，行为是通过有意志的举止造成的外部世界的变动。外部世界变动纷繁复杂，但对于刑法来说，最重要的变化是法益侵害，而目的性的内部面，即意志的内容（故意）并不属于法益侵害的变化。因此，在考察外部世界变动时不必考虑行为人的意志内容等主观面，这样就可以干净利落地把内部主观面和外部客观面区分开来。其二，与内部面和外部面的区分相符合，不法面和责任面作为两者的对应，也可以完美地得到区分，即在与法益侵害有关的法律规范层面发挥其客观的评价功能，而主观上的评价功能针对的是行为人的动机。换句话说，违法性是对行为的非价判断，而责任是对行为人的非价判断。其三，责任阶层包含所有的内部面，包括归责能力、期待可能性以及对行为的事实和法律影响的违法性认识。

目的行为论者虽然肯定了因果行为论对目的行为论犯罪论体系的启发作用，但是根本无法贯彻，尤其是在古典犯罪论体系所着重强调的实证法方面。

一、对古典和新古典犯罪论体系中故意体系地位的批判

（一）故意并非责任的固定类型

目的行为论发展的同时，古典犯罪论体系已经走向衰落。当时的理论对手只是以梅茨格等人为代表的新古典犯罪论体系。因此，目的行为论的观点与批判大多是指向新古典犯罪论体系的。梅茨格认为通说的责任理论比目的行为论的责任理论更能契合当时的实体法，但实际上只是他自己在为自己的理论“摇旗呐喊”。梅茨格的学说在当时具有重大的影响，或者说新古典犯罪论体系在当时取得了通说的地位，但并不是说故意自生来就是责任的固定类型。如果说故意必定是责任的

基本类型，那如何解释在帝国法院领导下的几十年的时间里，违法性认识都没有归于故意，而被认为是一种禁止性错误，只涉及违法阻却的事实情状和超法规的违法阻却事由的法律界限。答案肯定是因为故意并不是责任的组成部分。在目的行为论之前，已经有很多的观点认为，故意只意味着一种构成要件认识，与此同时把违法性认识作为一个独立的责任要素看待。

不仅是司法实践一直没有采纳违法性认识属于故意的观点，在理论上新古典犯罪论体系也没有办法驳斥目的行为论将故意剥离责任阶层观点。具体来说，梅茨格是从规范的责任论角度出发，尖锐地批评了在责任上无差别的目的行为论的故意这一对于故意的严重误解，但是梅茨格也并未对故意进行修正①，也没有修正的着手点。而且这种重大误解的故意，还有着很多刑法学大家的支持，如科尔劳施（Kohlrausch）、多纳（Dohna）等。此外，目的行为论的故意已经规定在了当时《军事刑法》第 31 条中。梅茨格本人也承认，如果坚持认为违法性认识属于故意的组成部分，那么就不得不违背《军事刑法》第 31 条的规定。这时梅茨格就陷入了两难的处境，一方面，他在故意属于责任要素的理由上同贝林的观点有相同之处，即源自《帝国刑法典》第 59 条的规定，以实体法的规定作为理由；另一方面，他又不得不接受在其他实体法上有相反的规定。他不能一边支持《帝国刑法典》的法条，一边又反对《军事刑法》的法条规定。

目的行为论者认为这表明了，只有很少的要素会被确定地说就是责任阶层的固定要素。贝林所采用的理由，即故意属于责任阶层源自于实体法的规定，根本不能作为理由，更适合被理解为这一时期的立法者被某个教义学信条所说服。像《军事刑法》第 31 条的规定是否会对刑法总论有影响，或者将来会产生影响，完全取决于立法者的价值取向，而并不是因为这个要素就应当从属于某个阶层。

① Vgl. Mezger, Moderne Wege zur Strafrechtsdogmatik, Berlin: Duncker & Humblot, 1950, S.23.

（二）违法阻却事由中存在主观违法阻却事由

新古典犯罪论体系所发现的构成要件当中存在主观的不法要素就是目的行为论的突破口，所有存在于构成要件中的主观不法要素都有其目的性，而具备主观不法要素的构成要件在法条的规定中占据了多数。[1]在具备主观不法要素的构成要件中，并不能只依靠客观的法益侵害来确定行为的不法，还必须结合行为的不法内涵，包括行为人的倾向、卑劣的意图或者是贪婪等，综合加以确定。新古典犯罪论者据此认为，刑法上的不法行为应当分为两种，其一便是这种存在目的性的不法行为；其二是维持因果客观性的其他行为。[2]第一种情况，需要主客观要素统一来判定不法，而第二种情况，则只需要进行纯粹客观的判断。但是这样的区分并不合理，尤其是主观违法阻却事由的出现，更加证明了这一点。

其一，主观违法阻却事由的存在导致了目的行为论体系上的不合理性。如果像古典犯罪论体系一样坚持构成要件和违法性是纯粹客观的，那么，其违法阻却事由也必须是客观的。这样一来，如何解释缺乏主观防卫意图时，行为人却具备客观上的违法阻却情状的情况？比如，甲与乙积怨很深，想要杀死乙，于是在乙的家外开枪射杀了乙，但是甲并不知道乙此时正要杀害丙。或者是丁枪杀了戊，但是丁并不知道在他开枪瞄准戊的时候，戊的枪已经上膛，也准备杀丁。那么甲与丁的行为在客观上不存在违法阻却事由，也就是违法行为，因为两者都缺少了防卫的意图。进一步概括来说，两者都缺乏主观的违法阻却事由。这一点梅茨格也不得不承认，他在刑法总论中说，“防卫意志作为主观的违法阻却要素是必要的，在排除违法性时，必要情况下还是要涉及‘人的要素’”。为何既肯定在排除违法性时要考虑主观违法阻却要素或者

---

① Vgl. Mezger, Moderne Wege zur Strafrechtsdogmatik, Berlin: Duncker & Humblot, 1950, S.25.

② 采用这种观点的有韦伯（Weber）和梅茨格。Vgl. Weber, Zum Aufbau des Strafrechtssystems, Fromann: Jena, 1935, S.8; ders., S.63. Vgl. Mezger, Moderne Wege zur Strafrechtsdogmatik, Berlin: Duncker & Humblot, 1950, S.22.

“人的要素”，但是在认定成立不法时，却又要将主观违法要素排除出不法的范畴呢？

其二，从法条上来说，法条规定的很多概念都是含有主观要素的。例如，在《帝国刑法典》第53条中的防卫也是一个目的性的概念，即“行为人是震惊、害怕或者惊恐的情况下，超越了正当防卫的界限的，也不可罚”。[①]另外，在《德国民法典》第228条和第904条中也规定了目的性，如第904条规定，“如果为了避免不合比例的更大的损失而造成财产损失的情况，可以阻却违法”，或如第228条规定，“如果为了避免该不合比例的损失发生的危险的”，也可以阻却违法。那么如果行为人在故意砸坏他人车窗的时候，并不知道里面的驾驶员已经快窒息死亡了，其实行为人的行为是救了驾驶员的性命，但这种情况并不符合《德国民法典》第904条的规定，因为行为人并不具有想要阻止更大程度损失的意图或者目的。《帝国刑法典》第193条也出现了“为了实施或者维护权利或者代表正当的利益”[②]的规定。《德国刑事诉讼法》第127条也规定主观的违法阻却要素，即“为了阻止犯罪嫌疑人逃跑，或者为了查明嫌疑人的身份的而剥夺嫌疑人自由的，才能阻却违法”。

其三，在司法实践当中也肯定了主观违法要素的存在。前面所列举的法条在各法典中比比皆是，在判例中也有越来越多的非规范性的不法阻却事由被肯定，比如，超法规的紧急避险等都包含了主观违法要素。帝国法院曾作出有关第193条的判决，肯定了主观要素对于违法阻却的意义：“如果行为人没有（为了实施或维护权利或正当利益的）意图，不管他是否处在第193条所描述的其他客观情况下，第193条不发挥法律效力。”[③]主观的违法阻却要素不仅在法条中十分普遍，在司法

---

① 《帝国刑法典》第53条完整规定为：“如果行为是在紧急防卫的情况下必须作出的，那么该行为就不可罚。紧急防卫是指，为了自己或他人利益，防卫正在发生的、违法的攻击行为的举止。行为人是震惊、害怕或者惊恐的情况下，超越了正当防卫的界限的，也不可罚。”

② 《帝国刑法典》与现行《德国刑法典》第193条规定一致，参见《德国刑法典》，冯军译，中国政法大学出版社2000年版，第125页。

③ RGSt, 50, 321.

实务当中类似的案例也比比皆是。这也表明了，即使根据实体法的规定，按照古典犯罪论体系的观点，也没有办法完全依据客观的视角来区分法与不法，而必须借助主观的违法阻却要素。

（三）不真正不作为犯中也不能抛开人的要素作纯粹客观判断

抛开“人的要素”谈不法难以得出正确的结论，不法不能从纯粹客观的结果无价值中推导出来。只有某个犯罪结果可以被视为某个特定行为人之作品的行为，才能认为其具备违法性。也就是说，行为人在实施某种客观的行为，引起某种客观的结果前设定了何种目标，出于何种态度，行为人在实施行为的过程中负有何种义务，这些因素都是客观法益侵害之外，能够影响不法成立与否的要素。①这对于不真正不作为犯也同样适用②，即如果抛开故意，那么就没有办法解释为什么可以把两个不同的行为认定为是“同一个行为”，即依据何种理由可以把一个通过不作为导致符合构成要件结果的行为，和一个通过作为导致符合构成要件结果的行为等同起来。因为所有构成要件对结果犯的规定，其表述上都是通过行为导致法益侵害的结果，而没有表述为通过不作为不阻止法益侵害的结果发生。③为什么能把消极地未阻止结果发生和积极的追求杀人结果等同视之，能够将不作为的杀人犯和作为的杀人犯同样处罚呢？

通过一个例子进行说明，甲乙二人是A公司仓库保管员，甲与公司的合同在十天后到期，但由于甲工作不积极努力，所以公司没有选择与其续约，甲因此对工作更加消极。乙因为年龄过大，其合约已经到期，公司也没有选择续约，乙收拾行李准备另外谋一份职业。A公司进了一批贵重的货物，这批货物怕受潮损害，甲负责晾晒。恰逢第二天遇上罕见大雨，甲认为自己十天后就不是这个公司的员工了，没有必要受

① 参见[德]韦尔策尔：《目的行为论导论——刑法理论的新图景》，陈璇译，中国人民大学出版社2015年版，第39页。

② Vgl. Welzel, Das deutsche Strafrecht, 11. Aufl., Berlin: Walter de Gruyter, 1969, S.202.

③ Ibid., S.208.

累帮助抢救财物，乙也因为觉得自己不是本公司的职工，也没有抢救财物。在其他公司人员赶到前，这批货物全部遇水损坏，公司蒙受了巨大的财产损失。

毫无疑问，甲乙二人通过其有目的的不作为都导致了货物损坏的结果。因为甲乙二人都非常清楚，他们把货物留在室外必然导致货物的损坏。如果从纯粹客观的结果来看，那么两人不作为的行为是完全等值的。但是这里很明显是甲的行为符合刑法的犯罪构成，即《帝国刑法典》第 303 条损坏财物罪①。因为乙与公司的劳动合同已经到期，双方并无合同约定的关系，而甲基于劳动合同则具有避免结果发生的义务。同样的情况在其他案件中也会有不同的处理，比如，有义务避免孩子溺亡的父亲和陌生的路人不救助落水儿童的，客观上的不作为导致的结果都是一样的，但是孩子的父亲就构成不作为的故意杀人罪，而陌生的路人只能根据《帝国刑法典》第 330 条 c② 的见危不救罪予以处罚。

古典犯罪论体系依据条件说认为，任何不阻止结果发生的行为都引起了结果。换句话说，所有的不真正不作为的行为都是引起结果的原因。但是立法者在规定犯罪的构成要件时是绝不希望把所有的不真正不作为的行为都赋予刑法上的意义，否则刑法的打击面就太过广泛，人们的生活就会变得谨小慎微。所以，按照目的行为论的观点能够得出较为恰当的结论，即乙既不具备构成要件符合性，也不具备违法性，因为行为人不负有特定的义务。

由此可以得出结论，通过不作为的形式引起结果的不法不能只通过客观的结果来加以确定，而是必须包含“人的要素”，即考察在不作为中行为人是否存在作为义务。只有以“人的要素”为出发点，才能把《帝

---

① 《帝国刑法典》第 303 条规定，故意且违法地损坏他人财物的，处最高 300 塔勒(Taler)的罚金或处两年有期徒刑。

② 1871 年的《帝国刑法典》并未规定见危不救罪，而到了 1935 年《帝国刑法典》第 330 条 c 规定了见危不救行为的可罚性。《德国刑法典》大体沿袭了之前刑法典的内容，见危不救罪也被保留了下来，并规定在《德国刑法典》的第 323 条 c 中。

国刑法典》第 330 条 c 与前面的各种犯罪构成(如《德国刑法典》第 211 条故意杀人罪和第 223 条故意伤害罪)区分开来。[①]也就是说,梅茨格所说的,部分犯罪的构成要件要坚持纯粹客观,在另一些特殊的犯罪中加入"人的要素"(目的犯中的目的、表现犯中的表现和倾向犯中的心理状态)的观点是不能够贯彻的,所有的犯罪行为都必须考虑人的主观要素。

(四) 故意(行为决意)在未遂中属于构成要件也应当适用于既遂

目的行为论在实证法上的合理性在《帝国刑法典》第 43 条上体现得更加明显。《帝国刑法典》第 43 条规定,"行为人具有实施犯罪行为的行为决意,并已经着手,在其意图实现的犯罪未达既遂的情况下,也可以以未遂进行处罚"。该条款的规定已经表明了,立法者通过法条规定的方式,在未遂中将故意作为不法构成要件的组成部分。博科尔曼就曾表达过犯罪决意属于未遂(犯罪决意等同于故意)的观点,"不论你采取何种未遂的理论,也不论你如何看待未遂行为中的构成要件符合性,未遂都表现为对行为决意的实施。如果说未遂还有其他特征的话,那么就是未遂还承载着指向故意犯罪既遂的行为意志。目的和故意此处确实是完美的统一"。[②]而梅茨格进一步认为,尽管《帝国刑法典》第 43 条并没有使用故意的字样,但根据语言习惯所要求的、所标示的所谓"有意图的"就应当被理解为犯罪故意。[③]

行为决意即为故意,作为不法行为的组成部分的观点很快成为通说,并印证了韦尔策尔的观点,即目的行为论所得出的结论并不像它第一眼看上去一样那么具有革命性。韦尔策尔始终认为,目的行为论的主张也只是把前人所主张的观点进行展开,并且得出一个符合逻辑的

---

① Vgl. Welzel, Das deutsche Strafrecht, 11. Aufl., Berlin: Walter de Gruyter, 1969, S.208.

② Bockelmann, Über das verhältnis von täterschaft und teilnahme, Göttingen: Karl Friedrich Fleischer, 1949, S.35.

③ Vgl. Mezger, Strafrecht, ein Lehrbuch-mit einer Einleitung nach dem neuesten Stand 5.-7. Tausend, Berlin und München: Duncker & Humblot, 1949, S.379.

结论。这一点在未遂故意与既遂故意的问题上展现得尤为明显。

根据《帝国刑法典》第43条的字面意思，任何符合构成要件的未遂行为都必须具备故意。这已经成为通说，但这种观点必须应用到既遂行为当中，即在既遂行为当中，故意也是不法的组成部分。因为任何一个故意的犯罪行为都是意志的实现，而意志的实现既可以停留在着手阶段，也可以持续到既遂。未遂阶段是犯罪既遂的必经阶段，而且从未遂阶段到既遂阶段，发生变化的只是外部的行为，行为的内部面也就是目的，并没有发生任何的变化。①这至少表明，犯罪行为的既遂与未遂或多或少地取决于外部世界的变动。举个例子，如果行为人甲只有一颗子弹，开枪杀乙，如果甲没打中，或者打伤但未打死乙，这里的行为决意（即杀人故意）就是行为的组成部分。但为什么子弹在打死乙的一瞬间，故意又被剥离出了行为的范畴？对此，梅茨格回应是，“行为决意通过行为等在客观上达到了既遂，那么这里作为主观不法要素的故意就被某种客观的内容（结果）所替代”。②但目的行为论者认为，这种观点简直荒谬。主观的要素并没有被结果所替代，而只是为其作了补充。行为人只有在达到了其所设想的和追求的结果时，其目的性的行为才算完成。也就是说，从行为人开始着手，直到其达到所设想和追求的结果时，其目的性或行为决意都一直存在。所以故意不仅属于未遂的犯罪行为，也属于既遂的犯罪行为。

这种教义学上的理由同样以实证法为基础，通过一个案例就可以很清楚地得到解释：甲是射击爱好者，并在自己的庭院中悬挂了一些酒瓶，进行打靶射击，但酒瓶所在靶位的正前方就是邻居乙的窗户，乙在窗户的位置摆放了一个古董花瓶。甲的朋友劝甲不要朝那个方向射击，有打坏花瓶的危险。但甲并没有理会朋友的劝告，不在意打碎花瓶的结果。甲练习射击，并且打中了花瓶。乙目睹了这一切，并对甲提起

① Vgl. Welzel, Das deutsche Strafrecht, 11. Aufl., Berlin: Walter de Gruyter, 1969, S.187.

② Vgl. Mezger, Moderne Wege zur Strafrechtsdogmatik, Berlin: Duncker & Humblot, 1950, S.28.

诉讼。很显然，这种情况下甲以未遂的故意毁坏财物罪而具有可罚性，因为行为人并不只是一种轻率(leichtsinn)，而是间接故意。也就是说，行为人具有毁坏他人财物的行为决意。但是如果行为人说，“我绝对不会错失目标”，那行为人就因不符合《帝国刑法典》第 303 条故意毁坏财物罪的未遂而不会受到处罚了，因为行为人缺乏毁坏财物罪的犯罪故意。

这个案例虽然很简单，却足以成为压垮古典犯罪论体系的最后一根稻草。在该案例中，两种假设的外部行为是完全一致的，古董花瓶被枪打坏的危险也是一样的。也就是说，甲的行为在外部表象和行为造成或者能够造成的结果是一样的，没有任何外部客观的内容能够将两者区分开来。那么古典犯罪论体系该如何解释这两个未遂的情况中一个是可罚的，另一个是不可罚的？如果古典犯罪论体系坚持构成要件是客观的，构成要件都是一样的，造成什么结果就满足特定罪名的犯罪构成，而在责任当中判断是否有故意的话，那未遂根本就不能进行处罚，所以古典犯罪论体系并没有将自己的学说贯彻到底。也就是说，在该案例可罚的情况中，甲的行为有目的性，他通过毁坏他人财物的间接故意，展现了他具有可罚性的人格。相应地，在《帝国刑法典》第 43 条中故意是作为行为不法的构成要件，这也是古典和新古典犯罪论体系的通说。

这种情况在既遂当中也没有不同。比如，甲在两种情况中都打中了花瓶，那么甲的行为只有在存在间接故意的情况下，才能以《帝国刑法典》第 303 条进行处罚。如果甲不存在犯罪故意，而只是存在过失的情况下，那么甲的行为即使造成了同样的损坏结果，也不符合《帝国刑法典》第 303 条的规定，因为《帝国刑法典》第 303 条规定了，只有故意毁坏财物的行为才处罚。[①]那么这里就体现了立法者的倾向，即因为行为人的行为形成了损坏他人财物的意志而变得可罚。即使是与财产法益的保护程度不同的生命法益也是如此，如果甲在开枪的时候不存在杀人的故意，只是说我肯定打不到他，那么当甲确实没有打到邻居乙的

① 现行《德国刑法典》第 303 条删掉了对“故意”的要求。

时候，因为甲是过失杀人，但是并没有造成死亡结果，根据《帝国刑法典》的规定，甲的行为就是不可罚的。

这里的区别就在于无论是既遂还是未遂，行为的外部因果流程是相同的，并会导致相同的结果。从这一点来说，目的行为论无疑比因果行为论更符合实定法，因为只有将故意认定为属于行为，或者说将故意认定为属于不法，才能体现实定法刻意规定故意的犯罪行为具有可罚性的意义。构成要件规定了基本的犯罪类型，而法条规定的构成要件是对事实的描写，所以行为就应该具有本来的目的性结构，古典犯罪论体系把故意排除出不法的范畴不符合事实构成，也不符合法条的规定。

目的行为论者据此认为，目的行为论比古典犯罪论体系更能契合当时刑法体系和法条的规定。从行为的概念出发，将行为的内部主观与外部客观通过行为的目的性（故意）整合作为一个整体，外部不法与主观责任不再能够区分开来，违法性的非价判断不再单方面地取决于外部法益侵害，即不再单方面地取决于结果无价值，而是取决于行为的整体性，还要对行为的故意等主观面作行为无价值的非价判断。这种做法其实并非抛开了物质与意识之间的关系，而是考虑行为的本体性和实定法的规定。不论是在违法阻却事由中存在主观的违法阻却要素，还是未遂当中故意被认为是构成要件的组成部分，因此故意也应当存在于既遂当中，都体现了一个结论，即故意是故意犯罪行为的一般性主观不法要素。

二、目的行为论体系中故意属于责任的理由

（一）规范的责任论中故意是责任的判断对象

在规范责任论产生之前，心理责任论占据学说的主流地位，并将责任的本质定义为可非难性。不法与责任对应着外部和内心，责任作为内心的内容，被认为是行为人与结果之间的心理联系。但是当时的通说已经认为，以外部和内部为标准来区分犯罪论阶层不可能实现。尤其是在无意识的过失犯中，行为人根本就没有犯罪意识，何来的心理联

系呢？拉德布鲁赫曾主张纯粹心理学的过失理论，科尔劳施则干脆认为过失不是责任的一种形式，但是两者都没有多少支持者。①弗兰克提出的规范责任论得到了包括贝林、弗洛伊登塔尔（Freundental）等人的支持与发展，但是关于故意与责任之间的关系仍然较为模糊，始终没有人能够解释什么才是行为人与结果之间的心理联系。心理联系作为一个体系内容也迟滞着刑法理论的发展，直到多纳提出责任判断也像违法性的认定一样是一种评价性结论才对刑法理论的发展有所推动。但故意被剥离出责任阶层之后就完全失去了体系上的定位，成为无处栖身的要素，而目的行为论认为他们为故意找到的体系定位是更为合适的，即将故意作为目的性行为意志的下位概念，从而作为构成要件的组成部分。②通说认为目的行为论此举把责任阶层掏空，目的行为论者则否认这种观点，认为故意本就不是责任的要素，何来掏空一说。而这一点正是从规范的责任论中得出的。

规范责任论是在道义责任论的基础上，加入了期待可能性判断，甚至将期待可能性等同于规范责任论本身。③犯罪是符合构成要件的行为，该行为违法且有责。从字面意思看来，犯罪行为应当作双重评价，评价的尺度取决于法规范。首先是法要对行为进行评价。我们所称的违法性评价是对行为存在的非价判断。按照通说的观点，这种存在已经不再是外部事件的客观事实了，而是也包括行为的内心事实要素，如心理意图的要素。根据目的行为论的观点，这种事实当然也包括故意。与此同时，责任判断所指向的是意志的形成，是行为人的错误动机。这在当时已经具有通说的地位，博科尔曼甚至说，“反对这种观点上一次是什么时候提出的已经很难记起来了”。④当某个事情发生以后，人们

①② 参见[德]韦尔策尔：《目的行为论导论——刑法理论的新图景》，陈璇译，中国人民大学出版社2015年版，第55页。

③ 参见劳东燕：《罪责的社会化与规范责任论的重构——期待可能性理论命运之反思》，载《南京大学学报（社会科学版）》2009年第2期，第17页。

④ Bockelmann, Über das verhältnis von täterschaft und teilnahme, Göttingen: Karl Friedrich Fleischer, 1949, S.37.

首先会问一个问题，这个举止违反了法律规定吗？针对这个问题回答的是违法性的价值判断，是指行为的客观反社会性。人们还会提出第二个问题，这种举止的消极判断可能性是否能够产生可非难性？针对这个问题回答的是行为人因为内心的设想而具有的可谴责性。很明显，这里的违法性和责任判断是两个价值判断，从法律规范的角度出发的两种不同的评价行为的方向，具体来说，就是违法性的判断对象既有客观的，也有主观的，即行为的目的性结构所必须具有的两个方面。在责任阶层中则只存在主观判断，即意志形成的内部过程，行为人决意实施行为。

看上去好像两个阶层都是客观判断，但是正如多纳所强调的，应当将评价与评价对象区分开来的观点打消了这种疑问。在违法性判断时，已经没有人认为"一个违法的行为"中，行为是违法性判断的组成部分，是违法性判断的要素。在责任方面，人们还一直认为故意必须是责任的组成部分。尽管规范的责任论已经承认，行为人对结果的认识，即行为人与行为的心理联系，也即对事实是否认识并不是责任，责任是通过心理事实与法律规定的当为要求之间的关系来实现的。其实"可非难性"和"可期待性"的术语本身就可以体现这种关系，即如果人们要对行为人的违法举止进行非难，必然是因为一般人能够期待行为人在实施违法行为之时本应能够实施合法的举止，但行为人却违反了法律要求，形成了违反义务的动机，也就是动机过程是有责的，或者说，被打上了责任的烙印。不管人们把对事实的认识或者法律的认识共同看作故意，还是只把对构成要件的认识认为是故意，抑或是把故意认定为是责任要素中的违法性认识，都只认为故意是责任的判断对象，而非责任的内容。即便是作为心理事实的违法性认识，也与责任没有关系，因为违法性认识也是通过期待可能性这一规范的责任要素与责任相联系。规范的要素并不是多个责任要素中的其中之一，与其他要素共同构成责任，而是当行为人有责任时，能够单独从规范的要素中得出的相应的责任非难。

（二）责任前置到构成要件阶层并不会导致有罪推定

认为故意前置到构成要件阶层会掏空责任阶层的观点是梅茨格率先提出的，因为责任阶层的实质判断只剩下较少的特殊的责任阻却事由。①如果认为行为人实施了符合构成要件的行为，原则上就可以推定行为人也具有责任，这实际上是一种有罪推定，严重违反了现代刑法的精神。②

但目的行为论者认为这种观点用梅茨格自己的违法性理论就能够很好地反驳。立法者规定了每一个犯罪的构成要件，规定了犯罪的行为类型，但是立法者并没有规定个案中的违法阻却事由。如果按照梅茨格的观点，认为具备构成要件符合性原则上就能推定有罪，那么这里具备构成要件符合性是否也能够推定行为人不具有违法阻却事由呢？梅茨格认为这里是原则与例外的关系，这种原则与例外的关系在体系发展的时候确实是必不可少的，尤其是处在三阶层体系要求罪刑法定与符合构成要件的不法相联系的情况下。但一个行为是否符合刑法的犯罪构成（原则），或者说是否具有违法阻却事由（例外）从事实上说是一样的，并不存在自我推定具有违法性的行为，仍然要进行违法性的判断。

对于责任阻却事由的判断也是同样的道理，弗兰克就曾对《帝国刑法典》第 51 条等规定的违法阻却事由和责任阻却事由表达过消极的看法，他认为所谓的违法阻却事由和责任阻却事由就是原则与例外之间的关系。因为从立法者的角度出发，立法者在行为人满足了外部的构成要件时就认为行为人既不缺乏违法性，也不缺乏有责性。一般情况下，一个行为发生后，需要判断行为人有无归责能力，以及是否是在他人强制或者不可抗力的情况下进行的行为（《帝国刑法典》第 52 条③），这两种责任的排除情形也都是例外。尽管如此，也只有在行为人具有

① Vgl. Mezger, Moderne Wege zur Strafrechtsdogmatik, Berlin: Duncker & Humblot, 1950, S.34.

② Ibid., S.41.

③ 《帝国刑法典》第 52 条规定："如果行为人面对正在发生的不可抗拒的暴力或者暴力威胁，该危险不可避免地将使行为人或者其亲属的生命健康法益受到威胁，必须实施行为的，该行为不可罚。"

归责能力，且无外界压力的情况下，实施了违反法律当为要求的行为时，才能认定行为人有责任。从《帝国刑法典》第54条中派生出了可非难性和期待可能性的问题，还从《帝国刑法典》第54条中派生出了超法规的责任阻却事由。如果责任不存在一般与例外的关系，这个法条就应该删除。梅茨格不得不面临这样一个两难的问题，即如果认为具备构成要件符合性原则上就具有违法性，违法性阶层只进行消极的违法阻却事由的判断并不属于有罪推定，不会违背当今社会的刑法精神的话，那责任阶层只进行消极的责任阻却事由判断也不属于有罪推定。在进行违法阻却事由和责任阻却事由的判断之前，不论是行为的违法性还是行为人的责任，都没有被推定成立。

(三) 故意属于构成要件阶层不会影响禁止错误的评价

韦尔策尔提出了要区分构成要件错误和禁止错误，前者是对法定构成要件的客观事实的情状发生了错误认识，构成要件错误排除构成要件故意的成立。禁止错误是行为人对构成要件的实现有着完整的认识，只是对行为是否违法产生了错误认识，误认为该行为是被允许的。①因为故意被前置到构成要件阶层，违法性认识从故意当中脱离，所以即使在不具有违法性认识的情况下，行为人也仍然可以构成故意。对错误区分的标准在于"从构成要件到违法性"，所以行为人发生法律上的认识错误时，其构成要件与违法性层面都不会发生变化，只在罪责阶层发生变化。②行为人行为时，如果存在禁止错误，那么在该错误不可避免的情况下，才排除行为人的责任，只有可阻却责任的禁止错误，才能够排除刑罚的处罚。③

这样不但不会影响禁止错误的评价，还会弥补故意论的处罚漏洞，缺乏现实的违法性认识(严格故意论)不会影响故意的成立。即便是大刑法委员会认为对于正当化事由的前提要件的认识发生了错误，虽不

---

①③ 参见[德]韦尔策尔：《目的行为论导论——刑法理论的新图景》，陈璇译，中国人民大学出版社2015年版，第86页。

② 参见王莹：《论法律认识错误——德国禁止错误理论的变迁及其对我国犯罪构成理论改造的启示》，载《刑事法评论》2009年第1期，第225页。

属于排除故意的构成要件错误，但法律后果上也应当与构成要件错误同样处理。即使是正当化事实错误中的紧急避险的错误，大刑法委员会也认为是一种例外情况，“这种妥协试图为目前在实践中得到实施的法律状态提供合法性的根据”①，即使是梅茨格常用的原则与例外的关系，也不能否认这种情况的合理性。

第三节 目的行为论体系存在的问题

一、目的行为概念中存在的问题

（一）目的行为论概念无法发挥基本功能

因果行为论因为不能完美包含作为与不作为而饱受批判，目的行为论的问题则在于不能将故意举止和过失举止统一到行为概念当中。

如何将一直以来作为责任形式的故意和过失统一到目的行为当中，是目的行为论最为关注的问题。过失犯罪不仅在现代社会的实践当中具有极为重要的意义②，在刑法理论中也是犯罪论体系自洽性首要考虑的问题。过失犯罪不同于故意犯罪，“对于故意来说，目的性是法律上具有决定意义的要素”③，但过失犯的本质应当是结果的回避义务。④那么目的行为论如何包含过失行为呢？

目的行为论者认为目的行为论给了在多纳的理论体系中无栖身

① 参见［德］韦尔策尔：《目的行为论导论——刑法理论的新图景》，陈璇译，中国人民大学出版社 2015 年版，第 92 页。

② 参见［德］冈特·施特拉腾韦特：《刑法总论 I——犯罪论》，杨萌译，法律出版社 2006 年版，第 399 页。

③ 参见［德］韦尔策尔：《目的行为论导论——刑法理论的新图景》，陈璇译，中国人民大学出版社 2015 年版，前言第 6 页。

④ 参见刘艳红：《注意规范保护目的与交通过失犯的成立》，载《法学研究》2010 年第 4 期，第 133 页。

之所的故意一个恰当的地位，即故意作为意志的下位要素存在，而为了使行为具备基本功能，则行为必须包含过失，那么过失也应当是意志的下位概念，因此过失行为也是要从行为意志中派生出来的。但如果行为人没有行为意志，甚至是具有反对结果发生的意志，那行为人是否还有责任呢？如果说因果行为论想要用“任意性”的概念，从形式上来统一刑法认为的具有介入必要性的故意和过失的行为举止的话，那目的行为论就是想用“目的性活动”的概念，从内容上来统一故意和过失行为。具体来说，一方面，目的性行为还是应当具有一个完整的形式，即以“目的性活动”作为形式特征，来统一整个刑法上具有意义的行为。另一方面，从统一的概念下，再派生出具体的内容，即被实施的和可避免的目的性活动，也就是目的行为论后期修正时所提出的“现实的目的性”（aktuelle Finalität）和“潜在的目的性”（potentielle Finalität）。但是这种目的性活动根本就不能统一故意和过失的概念。

目的行为论概念本身就能够体现出其概念的片面性。一个主观的目的性概念应该如何对一个统一的行为进行定义。韦尔策尔给行为下的第一个定义是“设定了目的的意志所支配的真实意义统一体”①，强调行为要求的是意志支配和设定了目标的“目的性犯罪支配”②，但是这仍不能够将过失行为囊括进目的行为概念当中。“目的性的犯罪支配”不能得到有效的论证，所以韦尔策尔又称过失和不作为都是人类目的性活动的一种形式，以避免其目的性体系的灾难性分裂，想让过失行为也作为一种目的性的意志实现来展开。但韦尔策尔从一开始就表示，故意和过失在其行为特征中要区分开来③，但又需要维持故意和过失两个概念在一个行为概念之下，韦尔策尔想用意志的概念实现两者的统一。这种统一使有些目的论学者认为过失是从故意中派生出来

---

① Vgl. Welzel, Studien zum System des Strafrechts, in: ZStW, 1939, S.503.

② Vgl. Engisch, Der finale Handlungsbegriff, in: Probleme der Strafrechtserneuerung, FS für Kohlrausch, Berlin: de Gruyter, 1944, S.159.

③ Vgl. Welzel, Studien zum System des Strafrechts, in: ZStW, 1939, S.506.

的，这样才能维持过失的目的性。不过韦尔策尔坚决否定了这种观点，认为过失是故意之外的、一种完全独立的行为形式。①如此一来，韦尔策尔不得不用一个较为狭窄的行为概念同时包含故意和过失，而此时行为的涵摄范围就有待商榷了。

所以目的行为论中的行为不能再用“目的的设定”（Zwecksetzung）作为行为的特征了，而只能用“目的性活动”（Zwecktätigkeit）进行概括。如此，与故意犯相对，过失是一种可避免的、被实施的目的性活动，看上去更能符合韦尔策尔给“行为是目的性活动的实施”的定义。但这里的行为就包含两个要素，即“计划符合性”和“目的指向性”②，目的行为论还是没有办法解释过失和不作为，尤其是无认识的过失。无认识的过失根本就没有设定目的的空间，何谈目的的指向性呢？而且也不能够有计划地对行为事件进行引导，甚至不能说是对行为意志的实现。

鉴于此，目的行为论不得不给过失行为寻找另外一个公式：“过失是可避免的、引起结果的目的性活动。”③不过，这样的目的行为论再次面临了两难的困境，为什么故意行为只需要是目的性活动的实施，而过失犯罪还要加上“可避免的、被实施的”这样一个限定词？过失行为在目的行为论中只能作为“不谨慎导致的法益侵害”④，目的行为论并不能包含过失行为。

所以在目的行为论中，行为层面找不到过失的位置。韦尔策尔曾失望地说，“为什么目的行为论只能适用于故意行为而不能适用于过失犯罪，根本没有办法理解。或许这是时代发展的局限，人们还没办法放弃那些不当的抗议”。⑤韦尔策尔也曾作出修正，但都不能解决问题，就

---

① Vgl. Welzel, Das deutsche Strafrecht in seinen Grundzügen, 2.Aufl., Berlin: de Gruyter, 1949, S.23.

② Ibid., S.9.

③④ Ibid., S.12.

⑤ Vgl. Welzel, Um die finale Handlungslehre—eine Auseinandersetzung mit ihren Kritikern, Tübingen: Mohr, 1949, S.17.

像拉德布鲁赫想把不作为从行为当中排除出去一样①，都不可能成功。甚至不如尼泽提出的过失是从故意行为中派生出来的观点，即行为概念作为一个上位概念，故意作为积极的行为，过失作为非故意的行为，是行为的消极情况。

目的行为论考察行为概念的实质就要回溯到"目的的类型性特征"(Gattungsmerkmal)，即故意是现实的目的性的类型化要素(现实的目的)，过失是可能的目的性(潜在的目的)，只是一个出发点。

潜在的目的性是指有目的性地不引起可能的结果，或者说，其指向的要素是可避免的。如果按照这种理解，即过失行为判断可避免性，那么这种具体的特征是从行为主体中派生出来的吗？答案是否定的。比如，精神障碍者实施了杀人行为，行为人缺乏《帝国刑法典》第 51 条所规定的能力和认识而不能够像一般人一样避免结果的发生。按照韦尔策尔的观点，这种举止不能成为行为。②这种举止不具备责任的时候，也同样不存在不法吗？这里行为就不再是判断的客体，而是判断的出发点，行为人才是判断的客体。换句话说，潜在的目的性不是判断行为本身，而是判断行为以外的内容。不是行为的本体结构，而是与之相关联的可避免性判断。如果坚持被判断的是行为，那么行为的内涵便是现在用于责任非难判断的内容，即行为可能性，那么行为的概念便不具有独立存在的价值。

目的行为论认为没有纯粹因果的事件，所有的行为都是有目的的实施，故意指向不法构成要件的客观特征。而过失犯当中不存在故意，但是过失行为中也有目的性，即最小限度的目的性操控。但是避免法益侵害是从客观的不法构成要件的当为规范中派生出的，行为既然作为主观—目的的内容，其实质的判断内容不是主观的，而是从客观中派生出来的。

---

① Vgl. Welzel, Um die finale Handlungslehre—eine Auseinandersetzung mit ihren Kritikern, Tübingen: Mohr, 1949, S.12 ff.

② Vgl. Welzel, Studien zum System des Strafrechts, in: ZStW, 1939, S.559.

（二）目的行为概念无法发挥连接功能

韦尔策尔把“可避免性”这一责任中非价判断的要素，转移至不法的构成要件当中，成为行为概念的判断内容，借此完成行为的构成要件判断。这不符合现在的体系逻辑上的判断顺序，即不是在行为具有不法时，再考察具体的情况下行为人是否能够避免，而是在这之前就已经得出结论，即在判断行为的类型时，已经得出了结论。

非价的判断不只是行为本身，还直接涉及行为人，行为人应当避免（不法）结果的发生，也能够（责任）避免结果的发生。评价不是简单的对一个行为的评价，而是行为人对具体行为的评价，这应当是在责任阶层才进行判断的内容。这本应该是两个阶层的内容，却被目的行为论混为一谈。行为的意义也不是行为作为一种社会现象，在其作用方向上对外部社会的意义，而是在其意志方向上，在行为人内心世界的意义。行为的意义不是对他人的意义，而是对行为人本人的意义。换句话说，行为丧失了其本应具有的社会意义与价值。

可避免性的前置不仅是使行为丧失了其社会层面上的意义，更重要的是使行为在犯罪论体系中的意义也不能发挥。犯罪论体系从产生便一直维持着行为—不法—责任的判断过程，行为率先进行考察，不是刑法上的行为就不进行不法和责任的判断。成为刑法上行为的也并不一定就具有不法，要考察其是否具有违法阻却事由，是否能够阻却不法。最后才考察行为人是否有责任。正如贝林所说的“只有不法且有责的行为才是可罚的”①，倘若把可避免性移至不法阶层，那无异于颠倒了责任阶层和不法阶层的判断顺序，把责任构成放到最前线的位置进行判断。目的行为概念既不能相对于不法，也不能相对于责任发挥其功能上的中立性和辅助性的作用，不能起到行为概念在体系中的连接作用，甚至拆散了体系上的关联性。

---

① Vgl. Beling, Unschuld, Schuld und Schuldstufen, Hamburg: Meiner Verlag, 1910, S.4.

（三）目的行为概念无法发挥界限功能

目的行为概念无法发挥界限功能的后果在于可能会导致不当出入罪。其一，表现为可能会过分出罪，扩大刑法上行为的范围。《帝国刑法典》第 51 条规定，如果行为人行为时，处于无意识状态，或者具有严重的精神疾病，该行为不可罚。可见，即使行为人行为时不具有归责能力，行为依然存在，只不过不能进行处罚。但按照目的行为论的观点，行为首先要判断有无“可避免性”，那所有的精神障碍者都没有判断能力，因而其行为不是刑法上的行为。那么行为人只要在不超出能力的必要限度实施的行为，都是不可罚的，这无疑是给了犯罪人一个借口。其二，目的行为概念还可能过分入罪，将不具有刑法上重要意义的行为纳入刑法考虑的范畴。这种情形尤指经过训练的下意识的举止。①其前提是经过日常的有目的的训练，形成了举止无意识情况下的下意识动作，但是行为人大部分时候都是有意识的动作，其行为是否具有目的性还存在疑问。

但是人的个性的特权需要在社会性面前作出衡量，无论是刑罚的功能，还是保安处分的功能，都会作出这种衡量。因为即便是不能归责的举止，或者是不能避免的法益侵害，也都先是一种行为，然后才考虑其是否具有构成要件符合性，或者具有违法性。目的行为论的行为概念实际上发挥了整个犯罪论体系的功能，率先进行了违法性和有责性的判断。这种行为概念显然不能很好地履行排除非刑法上行为的功能，因为在行为阶段进行了过多的判断。

目的行为论在界限功能上的意义丧失的最为明显。不仅是不能完全涵盖故意过失这一最重要的问题，长久以来，目的行为论能不能涵盖不作为也经历了很多的争论。因为不作为对结果的产生没有因果性，行为人也就没有办法对因果流程进行目的性操控，所以不作为不是目的性的行为。②即便是目的行为论者施特拉腾韦特（Stratenwerth）也放弃了

---

① Vgl. Stratenwerth, Unbewußt Finalität, in: Festschrift für Welzel, Berlin u. New York: De Gruyter, 1974, S.289 ff.

② Vgl. Hirsch, Der Streit um Handlungs- und Unrechtslehre, insbesondere im Spiegel der Zeitschrift für die gesamte Strafrechtswissenschaft, in: ZStW, 1981, S.851.

目的行为概念的基本功能，“他只认可人类的积极举动”。

除此之外，部分目的行为论者（尼泽）把故意犯中的故意等同于目的，过失是从故意中派生出来的，非刑法上重要的目的的观点使过失犯中的目的性丧失了刑法上的意义。那么目的性概念的局限性就更加明显，除了不能将过失犯包含在行为概念中之外，还不能解释是否应当将忘却犯（Vergeßlichkeitsdelikte）和冲动犯（Affekttat）包含进行为当中，界限功能也丧失殆尽。

二、目的行为论的哲学基础本体论存在的问题

目的行为论把目的作为故意和过失行为的支配要素，认为这种支配是本体论上的事实，而本体论是应当超越意识形态和时代的，目的行为及其主观面就是建立在这种本体论结构之上。但行为的物本逻辑也被批判为是一种谬论。①

第一，目的行为概念不能超越特定意识形态下的法律规定。不仅行为的概念要与法律相联系，目的性也是以法律为前提的。具体到刑法来说，首先，刑法上的行为必然与刑法相关，任何先于刑法的行为在刑法上都无用武之地。因为行为概念作为整个体系的上位概念，必然与刑事立法的特性相关。无论是因果行为论，还是社会行为论、人格行为论，或是目的行为论，都是从实证法中派生出来的。这个结论是绝对的，不存在例外，因为刑法上重要的行为必然是符合构成要件的，是各种犯罪行为样态的抽象化②，其必然与刑法典的法条联系在一起。其次，刑法上的行为概念在刑法之外毫无用武之地。③在民法上，法律后果可以与举止方式相联系，这些举止方式可以是刑法上不相关的行为。每一个部门法都有自己的法律原则，根据这种法律原则确定其独立的

---

① Vgl. Kindhäuser, Intentionale Handlung-Sprachphilosophische Untersuchungen zum Verständnis von Handlung im Strafrecht, Berlin: Duncker & Humblot, 1980, S.216.

② 参见许玉秀：《当代刑法思潮》，中国民主法制出版社 2005 年版，第 140 页。

③ Vgl. Roxin, Zur Kritik der finalen Handlungslehre, in: ZStW 1962, S.516.

法律任务，都会各自抽象出符合自己部门法的行为方式，这也是为什么民法经历的时代变迁中，几乎没有考察过刑法上的行为概念。①最后，刑法具有民法从属性，也独立于民法。刑法有自己独立的部门法特色，刑法并非完全从属于民法，保持了自己的独立性，除了其制裁手段的严厉性以外，其调整的范围不同，也就是其调整的行为不同才是最主要的区别。

但是目的行为论所强调的本体论意义上的先在行为概念②，推导不出任何对刑法有意义的结论。③目的性活动这个词并不具有实质的行为意义，因为目的性活动也是一种因果流程，只不过该因果流程受目的性的支配。即使高度抽象化，也是对构成要件的抽象化，也是与刑法典紧密相关的。本体论上的先在行为只是一种理论上的认识，不具有实际的意义。价值中立的、受目的支配的因果流程不能直接作为刑法上的评价对象，更不可能成为刑法体系的基础④，也不会存在与立法者意志无关的故意概念。

第二，目的也并非本体论上的目的，而是法秩序的目的。目的行为论的结构也像因果行为论一样，以因果关系作为基础。⑤这种联系能够支持目的行为论的行为概念及对故意的体系定位。换句话说，目的性之于行为的意义与因果关系之于行为的意义一样重要，都是行为的必然要求。因此，可以毫无争议地认为，目的性与因果关系一样，都是本体论上的概念。⑥

---

① Vgl. Roxin, Zur Kritik der finalen Handlungslehre, in: ZStW 1962, S.517.

② 先于法律存在的行为概念可见 Niese, Die moderne Strafrechtsdogmatik und das Zivilrecht: Betrachtungen eines Strafrechtlers zu Enneccerus-Nipperdey, Lehrbuch des Bürgerlichen Rechts, I. Band Allgemeiner Teil, In: Juristen Zeitung, 1956, S.457。

③ Vgl. Roxin, Zur Kritik der finalen Handlungslehre, in: ZStW 1962, S.516. 转引自许玉秀:《当代刑法思潮》,中国民主法制出版社 2005 年版,第 140 页。

④ 参见许玉秀:《当代刑法思潮》,中国民主法制出版社 2005 年版,第 140 页。

⑤ Vgl. Kaufmann, Die Dogmatik der Unterlassungsdelikte, 2. Aufl., Göttingen: Schwartz, 1988, S.67.

⑥ Vgl. Welzel, Um die finale Handlungslehre—eine Auseinandersetzung mit ihren Kritikern, Tübingen: Mohr, 1949, S.7.

但是这种观点的前提是错误的。因果关系有固定的因果律，这种因果律是世界上任何国家的立法者都不能增删修改的。但目的性结构不是，目的性只取决于法秩序的目的设定。因为法现象不是纯粹的因果流程。因此，对因果流程的操控还不能称为该理论上的行为。①所有的法现象不单是对因果流程的操纵，还包含着重要的社会意义。比如，拿走陌生人的财物，如果不知道该财物属于陌生人，拿走该财物的行为就不具有故意和目的性，所以目的性和故意的前提是对行为的意义有了解。而任何行为的意义都是由该国家或者该时代的立法者所决定的，行为不具有所谓的先在性（Vorgegebenheit），行为的目的不是本体论意义上的目的，而是法律意义上的目的。②行为人对行为意义的认识成为立法者对刑罚的作用认知的材料。立法者认知的程度不同，因此，超越国家、超越时代的行为用同一个模式（目的行为）来把握是绝对错误的。所以这是一个意义与价值的问题，可以出于一种目的性的考虑，但是不能通过本体性的存在或者概念来得出一个结论。③

三、目的行为论下责任存在的问题

目的行为论的批判还集中在责任领域。前文已经探讨过古典犯罪论体系认为目的行为论把责任阶层掏空。相应地，还有批判者认为目的行为论的不法过度主观化。其实这两种批判可以概括为一点，即目的行为论认为责任只包含了评价（非难可能性），而不包括评价的客体。因此，目的行为论在责任阶层的争议也一直很大。④

比如伦克纳（Lenckner）就反对目的行为论，认为罪责不应该被定义为非难可能性，因为非难可能性只是罪责的结果，而不是罪责本身，对行为人进行非难并不能证明罪责的存在。相反，只有存在罪责，才可

①② Vgl. Roxin, Zur Kritik der finalen Handlungslehre, in: ZStW 1962, S.525.

③ Ibid., S.527.

④ 参见李文健：《罪责概念之研究——非难的实质基础》，春风煦日论坛·刑事法丛书1998年版，第74页。

以对其进行非难。①故意不应当是责任非难的对象，而是责任本身的内容。行为人与构成要件之间的心理联系（故意）是罪责概念的基本组成要素，倘若将故意脱离责任，则罪责概念本身就不能成立。②鲍曼（Baumann）和韦伯（Weber）认为，如果故意被移入构成要件阶层，责任阶层的价值判断只是别人的价值判断，而非行为人的。目的行为论的观点其实是混淆了罪责判断和罪责两个概念③，罪责判断确实是由价值来衡量的，但是罪责则是一个心理要素，而该心理要素是不可放弃的。④毛拉赫和齐普夫（Zipf）在教科书中也说道，目的行为论的罪责理论，混淆了评价过程与罪责内容。将评价过程作为罪责的概念无法为刑法的适用提供正当化的理由，也不能为“罪责是对个人的非难评价”这样的观点提供合理的依据。⑤

在反对的声音中，罗克辛的观点比较特殊。罗克辛认为，罪责并不只是价值的判断，还必须具有一个“兼具主客观、实际且有内涵的要素”（sachlich-inhaltliche Merkmale），比如违法性认识或者紧急避险。⑥罗克辛观点的意思是责任不是空洞的，也不是一个宽泛的评价，而是有实际内涵的要素。故意虽然不能狭义地仅属于责任，但是也仍然是广义责任的一部分。

---

① Vgl. Lenckner, in Schönke/Schröder/Lencker, StGB Kommentar, 24. Aufl., München: C. H. Beck, 1991, vor §13, Rn. 114. 伦克纳的观点也可以参见李文健：《罪责概念之研究——非难的实质基础》，春风煦日论坛·刑事法丛书1998年版，第74页。

② Vgl. Lenckner, in Schönke/Schröder/Lencker, StGB Kommentar, 24. Aufl., München: C. H. Beck, 1991, vor §13, Rn. 115.

③④ Vgl. Baumann/Weber, Strafrecht Allgemeiner Teil, 10. Aufl., Bielefeld: Gieseking, 1995, §18, Rn. 19ff.

⑤ Vgl. Maurach/Zipf, Strafrecht Allgemeiner Teil, Teilband I, Heidelberg: C. F. Müller Juristischer Verlag, 1992, S.424.也可以参见李文健：《罪责概念之研究——非难的实质基础》，春风煦日论坛·刑事法丛书1998年版，第77页。

⑥ Vgl. Roxin, Schuld und Verantwortlichkeit als Systemkategorien, in: FS für Henkel, Berlin: De Gruyter, 1974, S.171.但罗克辛的观点也存在一个问题，即他虽然指出责任是要有具体的内涵的，但是具体内涵是什么，他并没有给出明确的答案，只是举例表示违法性认识等都是责任的具体内涵。这有如整个刑法学在故意的内容上给出的解释一样，虽然认为故意无论在哪个阶层都要有具体内涵，但是具体内涵是什么，没有学者去探讨。

不管是哪种观点，都反映出目的行为论在责任阶层的缺陷确实十分明显。目的行为论也没法给出完美的修正，逐渐导致学界慢慢地放弃了目的行为论。

四、目的行为论体系中错误论存在的问题

对目的行为论错误论的批判多伴随着对韦尔策尔固执坚持的严格责任论的批判，即所有关于法律禁止的认识错误只有在不可避免的情况下，才具有阻却责任的可能性。①严格的责任论想要在肯定构成要件故意的前提下，又能够维持构成要件符合性和违法性两个阶层的先后考察顺序，并能够符合实体法的规定（《德国刑法典》第 16 条第 1 款），以规避古典犯罪论体系用实体法为依据的批判。按照严格责任论的观点，正当化前提的事实认识错误不能在肯定了构成要件故意之后，又反过来阻却构成要件故意，正当化前提的事实认识错误只是违法性认识的问题。②这种观点对于严格要求逻辑正确性的韦尔策尔来说是必须的，其体系上的自洽是限制责任论所不能企及的。

但严格责任论也有着很大的缺陷：其一，严格责任论扩大了处罚的范围，在刑事政策上无法容忍。严格责任论认为如果行为人发生了正当化前提事实认识错误，因为不能阻却构成要件故意，所以只能以行为人违法性认识的欠缺不可避免来进行抗辩，如果行为人的抗辩不能成立，则肯定行为人的故意犯刑罚。当然这种缺陷不是韦尔策尔所重点考量的，因为目的性体系的本体论出发点就是想要建立超越时代、超越国别的犯罪论体系，更加不会考虑刑事政策能不能容忍或者接受其逻辑正确性所得出的结果。其二，严格责任论是导致错误论命名瑕疵的原因。容许性规范（Erlaubnisnorm）和禁止规范（Verbotsnorm）并不等同，但是严格责任论把对容许性规范的认识错误表述为禁止错误（Verbot-

① Vgl. Welzel, Das neue Bild des Strafrechtssystems, Göttingen: OTTO Schwartz, 1961, S.70.

② 参见蔡桂生：《论故意在犯罪论体系中的双层定位——兼论消极的构成要件要素》，载《环球法律评论》2013 年第 6 期，第 72 页。

sirrtum)①,而针对禁止规范的认识错误则称为构成要件错误(Tatbestandsirrtum)。虽然禁止规范就是指的构成要件,但这种命名如果不用解释型方法命名的话,很容易与前者混淆。许乃曼(Schünemann)就曾批评韦尔策尔的这种区分实现意志与违法性认识的两种错误太过精细,在实际运用当中造成很多混淆。②

同时期还存在限制责任论,即认为正当化前提事实认识错误直接阻却构成要件故意,与违法性认识无关,而不是肯定构成要件故意之后否定责任故意。限制责任论在二阶层的犯罪论体系中占有通说的地位,认为不法阶层的认识错误包括了正当化前提事实认识错误,因而阻却故意。该观点虽然在判例中也取得了通说的地位,但是实际上走向了消极的构成要件要素论,因此产生了与消极的构成要件要素论一样的缺陷。不仅如此,限制责任论还产生了回旋飞碟现象,即出现正当化事实认识错误的情况下不得不回溯否定已经成立的构成要件故意。所以对韦尔策尔来说,违法性认识的争论只存在故意论和责任论的争论,而故意论则根本没有理解不法和责任区分的实质。但目的行为论本身也没有做到将不法和责任的区分贯彻到底。

---

① 参见蔡桂生:《论故意在犯罪论体系中的双层定位——兼论消极的构成要件要素》,载《环球法律评论》2013年第6期,第73页。

② Vgl. Schünemann, Grundfragen des modernen Strafrechtssystems, Berlin. u. a.: de Gruyter, 1984, S.42.

第四章
当代德国的犯罪论体系中故意的体系地位

第一节　行为论的清算

目的行为论的热潮逐渐消退，学界开始对行为论进行反思。在强调规范刑法学的今天，行为论是否还能够具有之前的地位？

在古典犯罪论体系中，行为概念是体系的出发点和黏合剂。在贝林、李斯特需要把构成要件符合性、违法性和有责性三个阶层捏合在一起时，行为概念就发挥了这个作用。此时的行为意味着一种任意性，即由意志所确定的人类之于外部世界变动的举止。因此，行为人的意志只能在因果引起了外部世界变动的功能上进行理解。换句话说，行为人真正的意志是什么不重要，重要的是行为人有过意志（意志的内容也不重要）。①构成要件符合性和违法性都不考虑行为人的意志内容，行为只描写行为人的外部，意志的内容直到有责性判断中才加以考虑。这种主客观严格区分的阶层分类方式虽然简单明了，但随着主观违法要素的发现，行为的主观面和客观面的区分、违法性和责任的界分都变

① Vgl. Gallas, zum gegenwärtigen Stand der Lehre vom Verbrechen, in: ZStW 1955, S.2.

得不甚清晰，甚至根本就没有办法进行区分。尤其是在可非难性中又发现了规范的责任要素，故意和过失的地位从责任的类型降为作为责任的形式。①这一变化影响的并不仅是体系本身，还把“描述性的——形式要素”和“规范性的——实质要素”分离开来，并使自然行为概念逐渐丧失了其在通说中的地位。因此，当时就已经有学者主张降低行为概念在犯罪论体系中的地位，而以构成要件的实现来取而代之。②不过在当时，通说还是坚持认为构成要件符合性是行为不可或缺的一部分。

随着目的行为论的提出，学界把思考的重点转移到人的层面，并把理论的根基追溯到黑格尔的哲学、现象学以及当时非常流行的本体论和人类学。③目的论体系强调人的行为概念和实质的不法，这种体系似乎能够解决古典犯罪论体系存在的问题，又能够重新划分清楚不法和责任，即意志的形成作为责任的要素。与此同时，将意志的实现作为目的性行为中人的不法要素的合理出发点，意志的实现本质上是一种因果的要素，成为法益侵害或者法益侵害危险的载体，实际上就是不法当中的结果。④但是这种区分也没有经受住考验，因为韦尔策尔认为目的性与因果关系一样都具有本体论的特征，那么行为也具有本体的结构。这遭到来自梅茨格等人的强烈反对，不仅反对目的行为论将目的性与故意等同，也反对指向独立设定目标的意志。⑤因为如果贯彻目的行为论的观点，那么是否存在行为不取决于行为人预设的目标，而取决于行为人曾具有某种意志？不论行为人的意志内容指向的是什么，他的举

① Vgl. Gallas, zum gegenwärtigen Stand der Lehre vom Verbrechen, in: ZStW 1955, S.3.

② Vgl. Radbruch, Zur Systematik der Verbrechenslehre, in: Festgabe für Reinhard von Frank zum 70. Geburtstag, Band I, Tübingen: Mohr, 1930, S.162.

③ Vgl. Welzel, Naturalismus und Wertphilosophie—Untersuchungen über die ideologischen Grundlage der Strafrechtswissenschaft. Mannheim u. a.: Deut. Druck-u. Verl., 1935, S.75.

④ Vgl. Gallas, zum gegenwärtigen Stand der Lehre vom Verbrechen, in: ZStW 1955, S.5.

⑤ Vgl. Mezger, Moderne Wege zur Strafrechtsdogmatik, Berlin: Duncker & Humblot, 1950, S.13.

止就是目的性的举止。因为目的行为论并不能明确给出标准，何种目的是行为人的目的，哪个意志是行为人应当被拿来判断的意志都并不明确。而目的行为概念之所以刻意忽略具体的意志内容，是因为行为只是一个一般性的概念，是法律之前的概念，不应涉及刑法的评价。[①]反过来说，一个行为即便包含了故意的内容，也并不一定是刑法上重要的行为。那么这样一种行为概念，即便在纯粹因果的行为概念上附加了一个目的性或者故意的概念，其内涵的中立性也依然没有改变。尤其是韦尔策尔为了维持体系的统一性，坚持过失犯具有刑法上不重要的目的，这更加凸显了其所坚持的行为内涵的中立性。其与因果行为论之间的区别就变得毫无意义。

韦尔策尔为了维持结论的正确性，曾引用过一个例子：一个护士在不知情的情况下，给病人的镇静剂里加入了其他的致死的药物。那么护士在注射的时候是以让病人镇静下来的目的所进行的目的性举止，但是就死亡结果来说，该护士缺少目的性，因此护士并没有实施杀人的行为。[②]韦尔策尔的这个观点反倒沉重打击了自己。因为这个案例凸显了韦尔策尔的行为概念不能作为一个一般性的法律之前的行为概念，其目的行为概念的本质就不是“行为”的本质，而是具备构成要件符合性的行为的本质。换句话说，作为刑法上的重要目的，并非先于法律而存在的本体论上的目的，而是属于法律规范化下的行为概念中的目的。

目的行为论提出的行为概念也应当完成其体系性的任务，该任务就要求行为概念具有高度的抽象性，即抽离所有在具体现象中所能够表现出的具体内容。在刑法当中，只要谈到一个具体的行为，就会涉及其具体的内容，而并不是在确定该行为的性质时再来考虑这些内容。所以一个一般性的行为概念，不论是因果行为论意义上的行为概念，还

① Vgl. Gallas, zum gegenwärtigen Stand der Lehre vom Verbrechen, in: ZStW 1955, S.6.

② Vgl. Welzel, Um die finale Handlungslehre—eine Auseinandersetzung mit ihren Kritikern, Tübingen: Mohr, 1949, S.8f; zitiert nach Gallas, zum gegenwärtigen Stand der Lehre vom Verbrechen, in: ZStW 1955, S.7.

是目的行为论意义上的行为概念，都没有太多的意义。只有在构成要件中被详细描述的行为才能够成为犯罪的基本要素。如果说行为论所探讨的这种广义上的行为概念还应当保有什么功能的话，那就只剩下一个消极的功能了，即借助于这样一个一般性的行为概念来排除那些根本就不具有社会意义的行为（如条件反射等身体动静），这样的行为当然也没有必要判断其是否符合构成要件。

因此，后目的行为论的学者大多主张应当降低一般性的行为概念在规范刑法学中的地位，即使是韦尔策尔的学生们，像考夫曼（Kaufmann）、施特拉腾韦特、希尔施（Hirsch）和加拉斯等人，也都认为这样一种一般性的行为概念并不能给刑法学的发展带来太多的助益，反而会成为刑法学的羁绊，尤其是这样一种行为概念很难同时无瑕疵地包含故意、过失、作为和不作为，不如用符合构成要件的行为来替代。雅各布斯曾经评价说："其实从古典犯罪论体系开始，行为论的概念就已经开始走下坡路了。它从一个核心概念逐渐沦落为纯粹的体系技术概念，而且也没有得到普遍的认可。"目的行为论的提出也没有太多的改善。尽管如此，行为概念也不应当被废除，而应当重新进行定位，即作为一个辅助性概念。①行为概念逐渐走向没落，所以在后续的犯罪论体系发展中，都不再以特定的行为概念作为依托，也没有再发展出具有划时代意义的行为概念。

第二节　当代德国的犯罪论体系
——暨新古典与目的论结合的犯罪论体系

目的行为论所遭受的批判并没有妨碍其成果的继受。严格遵守

① Jakbos, Der strafrechtliche Handlungsbegriff, München: C. H. Beck, 1992, Vorwort.

了目的行为论体系的只有希尔施一个了，韦尔策尔的其他学生们在发展目的论思想时都没有走极端的路线。在新古典犯罪论体系与目的行为论体系的一场批判与反批判的争论之后，德国出现了一种新的犯罪论体系，即新古典与目的论结合的犯罪论体系，该体系为目前德国犯罪论体系的通说。①这种体系始于韦尔策尔的学生加拉斯，正是加拉斯率先提出对行为论的反思，借以消除目的行为论所面临的两大批判（目的行为概念本身和行为概念不能很好地包含过失、不作为）所带来巨大负面影响，选择性地继受并发扬目的论体系的成果，寻求两个体系之间的综合，即兼采目的行为论体系和新古典犯罪论体系之长，既不放弃已经在古典、新古典犯罪论体系中通过价值、目的等思想所主导的发展阶段所得出的成果，又坚持了目的主义的开创性方案。

一、加拉斯的犯罪论体系

加拉斯等人对旧有犯罪论体系进行了修补，以承继新古典犯罪论体系和目的行为论的理论成果。在构成要件阶层，加拉斯提出了实质的构成要件论，并导致了一系列的变化。

加拉斯认为，目的论体系的唯一出路，就是放弃构建一个统一的概念，转而在认定犯罪时既要考虑犯罪的一般性特征，也要同时考虑犯罪的特殊表现形式，即两个不同但又相互涉及的视角。②因此，构成要件应当着重强调个别化机能，其所包含的要素能够征表各犯罪的类型。构成要件不能仅具有违法性推定机能，还应当具有责任推定机能，如果构成要件仅具有违法性推定机能，那不法并不能具有犯罪的征表机能，只有应罚的、有责的不法才是犯罪，而并非所有的不法都能成立犯罪。

① 参见蔡桂生：《构成要件论》，中国人民大学出版社 2013 年版，第 134 页。

② Vgl. Gallas, zum gegenwärtigen Stand der Lehre vom Verbrechen, in: ZStW 1955, S.18.

所以犯罪类型是应罚性基础上的犯罪类型①，而构成要件就是所有的犯罪类型抽象出载体，是犯罪类型的具体化。②这是实质的构成要件非常重要的体系上的意义，即彻底打破了古典犯罪论体系构成要件价值无涉论。古典犯罪论体系区分事实与价值，在体系内部也要区分事实与价值，体现在体系当中就是构成要件是纯粹价值无涉的客观内容，责任阶层才是主观的。虽然新古典犯罪论体系发现了主观违法要素，目的行为论强调行为的目的性，并把故意前置到构成要件阶层，韦尔策尔说这并没有改变构成要件的客观性，也就是说构成要件的价值无涉并没有改变。但是实质的构成要件论借助价值有涉的构成要件，才能正确理解构成要件中类型化了的举止的有效范围。

实质的构成要件将构成要件理解为罪责类型的构成要件，认为罪责不具有独立的意义，所有不法的类型都已经确定了特定的罪责内容，不法当中的主观不法就已经包含了罪责的内容，否则难以理解主观不法的概念。

但是实质的构成要件也不能超越形式的构成要件的框架。实质的构成要件不能是空洞的术语，而需要实质的犯罪内容，而形式的构成要件就是类型化了的举止方式，犯罪内容要以犯罪类型中被固定的举止方式作为载体，超越了形式的构成要件，实质的构成要件就成了无本之木。至于犯罪的举止方式是通过法官的判例还是犯罪目录中的列举得出的，不具有法律上的重要意义。因为对于任何一个由罪刑法定原则主导的法律体系来说，形式的构成要件就是法律规定的构成要件。③

---

① Vgl. Gallas, zum gegenwärtigen Stand der Lehre vom Verbrechen, in: ZStW 1955, S.16.

② Ibid., S.17.

③ Gallas, zum gegenwärtigen Stand der Lehre vom Verbrechen, in: ZStW 1955, S.17.转引自蔡桂生:《构成要件论》,中国人民大学出版社 2013 年版,第 137 页。

加拉斯不赞同将形式的构成要件等同于广义的构成要件①，但认为实质的构成要件是对形式的构成要件的修正与限缩，即某个行为或者举止是否可罚，不仅要在形式上符合构成要件，还要在实质上也符合构成要件。例如，医生为病人做手术，通说的观点虽然认为应当在构成要件阶层就否定做手术的行为是法益侵害的行为，但是其给出的理由并不正确。正确的理由应当是手术行为虽然形式上具备法律对行为的描述要素，但并不存在真实的不法内容，所以手术行为并不符合构成要件。②质言之，构成要件中的犯罪类型的内容不能仅存在形式上，而应当包含目的性内容和价值判断，只有将行为的应罚性作为基础，才能衡量不法的轻重，才能避免不法的判断只是流于形式。③虽然构成要件符合性只是违法性的征表，而且是可以推翻的征表，但从另一方面来说，符合构成要件就可以认定行为彰显了实质的不法。针对某一特定的举止，其举止可能不具有实质的不法，如医生实施手术的行为虽然不具有不法，但是并不妨碍其他伤害他人身体行为的典型法益侵害性的存在。

加拉斯提出的实质的构成要件论把构成要件同时作为不法类型和责任，从而将构成要件视为犯罪类型。正如目的行为论把故意前置到构成要件阶层所面临的批判，即不法和责任阶层分别剩下违法阻却事由和责任阻却事由一样，实质的构成要件将具体的犯罪行为视为已经表现出犯罪的不法和责任。那么实质的构成要件对不法和责任阶层会有什么样的影响呢？对此，加拉斯认为应当从两个方面进行解释。其一，具体的犯罪行为实现构成要件时，不法和责任仍然要判定一般意义上的不法和罪责。因为目的行为论把故意和过失前置到构成要件阶层

① Vgl. Gallas, zum gegenwärtigen Stand der Lehre vom Verbrechen, in: ZStW 1955, S.20.

② Gallas, zum gegenwärtigen Stand der Lehre vom Verbrechen, in: ZStW 1955, S.21. 转引自蔡桂生：《构成要件论》，中国人民大学出版社2013年版，第138页。

③ Vgl. Gallas, zum gegenwärtigen Stand der Lehre vom Verbrechen, in: ZStW 1955, S.23.

最重要的一个目的，就是使构成要件具有区别此罪与彼罪的功能。事先确定的不法和罪责的根据，是对个别的构成要件加以区别的特征，并且区别于单纯的可罚性条件。①最重要的是，具体的行为或者举止要构成某一犯罪的要件，涉及的是决定该行为属于此罪而非彼罪的所有决定性要素，当然也就包括不法和责任要素。但是具备这些条件还不是犯罪，而是个别的犯罪类型，或者说，只是满足了相关犯罪构成要件的特定不法和罪责要素，而一般性的不法和责任要素还没有得到判断，因而还不能确定犯罪是否成立。②这再次印证了加拉斯的观点，即目的行为论的唯一出路是放弃一个统一性的概念，而应当既要考察一个一般性的概念，又要考察每一个特有的要素。

其二，实质的构成要件理解，并不妨碍不法和责任在体系上的区分。不法和责任的判断对象不同，违法性判断是应为判断（Sollensurteil），责任判断是可为判断（Könnensurteil）。不法的判断对象是行为非价，而责任的判断对象是思想非价（Gesinnungsunwert），这也是加拉斯故意双重体系地位的论证理由。对于思想非价，加拉斯写道："若谁自由决定要违反法律，也就挑明了要违反法秩序对正派、认真的人所提出的要求。因而，罪责乃是基于犯罪行为中所实现的法律上不容许的思想而针对该犯罪行为的可责难性。这种思想指的并不是行为人的一贯品性，也不是特殊预防意义上的个人危险性，而是其具体犯罪行为之中的现实态度的价值或者非价。这种思想非价，乃是基于社会伦理价值尺度导向的一般化视角，从这种犯罪行为及其动机之中，就行为人针对法律要求之整体态度所得出的推断。"③

二、耶塞克的犯罪论体系

耶塞克也是新古典与目的论结合犯罪论体系的领军人物，所以其

---

① 参见蔡桂生：《构成要件论》，中国人民大学出版社 2013 年版，第 140 页。

② Vgl. Gallas, zum gegenwärtigen Stand der Lehre vom Verbrechen, in: ZStW 1955, S.18—19.

③ Gallas, zum gegenwärtigen Stand der Lehre vom Verbrechen, in: ZStW 1955, S.45. 转引自蔡桂生：《构成要件论》，中国人民大学出版社 2013 年版，第 141 页。

犯罪论体系相对目的论体系来说没有革命性的变化，其变更主要集中在构成要件阶层。

耶塞克的犯罪论体系与加拉斯有诸多相似之处，耶塞克也主张犯罪论的核心是不法构成要件，即不法的构成要件要首先包含所有能够证立不法成立的要素，包括犯罪的实质性不法的所有内容，以及相对于犯罪的基本形式的加重或减轻该特定犯罪的不法的要素。[①]这就要求构成要件中除了包含客观要素以外，还要包含故意等其他主观构成要件要素。主观的构成要件原则上要求犯罪故意，对过失行为的处罚是例外。教义学上的这种理解源自《德国刑法典》第 15 条的规定，基于该规定可以在后续的法条规定中用语更加简化。

尽管认为故意等主观要素属于构成要件，也并不会影响构成要件的描述性和规范性。[②]对于描述性，是指从日常生活用语和法律用语中抽象出来的概念，能够描述真实世界里的对象。但是规范的构成要件是指那些作为规范的逻辑前提的对象，这里就涉及价值有涉的法律概念以及有意义的概念。比如，《德国刑法典》第 187 条的“名誉”、第 203 条的“隐私”，都是价值有涉的。

构成要件的价值有涉并不妨碍责任阶层的主观性。在责任阶层，耶塞克继续发扬了责任原则的基础是意志自由的观点，并将其作为基本原则。除了人有做希望做的事情的自由之外，其能力也要被评价，所以违法性认识是必需的。

为了弥补目的行为论体系中责任阶层被掏空的问题，耶塞克主张责任阶层必须存在，而且与不法阶层有着根本的不同。对违法性和责任的区分可以回溯到客观归责和主观归责的区分上。这种区分自犯罪论体系产生之初就存在，也是所有犯罪论必须考虑的问题。违法性阶层位于责任阶层之前也成为普遍认同的观点，对违法性的考察是一种

① Vgl. Strafgesetzbuch Leipziger Kommentar, Berlin: De Gruyter, 11. Aufl., 1992, Vor § 13, Rn.46.

② Vgl. Jescheck u. Weigend, Lehrbuch des Strafrechts Allgeminer Teil, 5. Auflage, Berlin, Dunker & Humblot, 1996, S.269.

纯客观的,即行为和结果是否违反了法律的当为规范;不法则意味着行为的客观和主观要素违反了法律;责任则是判断是否可以就该行为对行为人进行非难。①因此责任判断的对象就是违法行为及其现实的、否定(或敌对)法的思想②,责任就是可谴责的错误的法思想,这种错误性在构成要件符合性和违法性阶层已经得到了表达。但耶塞克继承了韦尔策尔意志形成与意志实现的区分,并认为责任就是意志形成的动机的可谴责性。

耶塞克认为责任判断的对象是行为人缺乏合法的思想,是该责任理论区别于其他责任理论的特征,即责任在于动机、在于意志形成的可能,是行为人否定法的人格特性的表达。耶塞克的责任论继承了梅茨格的责任理论③,并使用了实质的责任概念这一术语。

总的来说,耶塞克教授既维持了新古典犯罪论体系所提出的实质性构成要件作为不法类型的存在根据的观点,又维持了实质的责任概念的观点。但同时他又承认故意作为主观的构成要件要素,应当存在于不法阶层。最重要的还是法敌对的思想和法冷漠的意思作为罪责故意被学界所接受。罗克辛教授就表示了法敌对和法冷漠的思想作为罪责故意具有其合理性,故意对于构成要件来说是本质性的要素,因为缺乏故意就没有办法按照法治国的要求来勾画法定的犯罪形象。但是故意和罪责也是紧密相关的,因为罪责形态必须按照故意、过失来区分严重的罪责形态和较轻的罪责形态。所以根据对犯罪类型的评价原则,故意的内容也必须在责任当中被反映出来④,故意单一体系地位是存在问题的。

---

① Vgl. Jescheck u. Weigend, Lehrbuch des Strafrechts Allgeminer Teil, 5. Aufl., Berlin: Dunker & Humblot, 1996, S.425.

②③ Ibid., S.427.

④ 参见[德]罗克辛:《刑事政策与刑法体系》,蔡桂生译,中国人民大学出版社2011年版,第52页。

第三节　故意单一体系地位之批判

古典、新古典犯罪论体系以及目的行为论的犯罪论体系，在故意的体系地位问题上都采取排他的选择方案。故意要么属于责任要素，要么被认为是构成要件要素。在逻辑出发点以及体系归结上，故意的单一体系地位的学说都具有简洁明了的特点，然而正是这种单纯基于体系思考得来的结论，存在一系列的问题。

一、故意视为责任要件的学说存在的问题

古典、新古典的犯罪论体系都认为故意属于责任要素。然而，仅将故意视为责任要件并非毫无问题。

（一）理论根据自身存在缺陷

将故意视为责任要素的观点，建立于“不法是客观的，责任是主观的”的命题之上。根据此一命题，不同于行为意思引起的外部因果变动，故意仅涉及行为人的内部心理态度，故而属于责任要素。然而，“不法是客观的，责任是主观的”的命题，无论是作为规范性命题还是作为描述性命题都存在问题。

如果“不法是客观的，责任是主观的”是一个规范性命题，那么其在方法论上便存在误区。将不法的评价对象限于客观事实、责任的评价对象限于主观事实的思考方式建立在因果主义教义学之上。[①]这种价值无涉的思考方式本身就存在问题。因为无论是不法还是责任都是一种评价范畴，而客观和主观只不过是待评价对象的事实属性，二者不可混同。将客观事实等同于“不法”，将主观事实等同于“责任”，无疑采取

① Vgl. Welzel, Das neue Bild des Strafrechtssystems, Göttingen: Schwartz, 4. Aufl., 1961, S.7.

了存在决定当为的路径，违背了存在不能推出当为的原则。①

如果仅将“不法是客观的，责任是主观的”视为描述性命题，其也不符合结果无价值论的现状。在不法阶层上，结果无价值论者一般并不完全否定主观的违法要素。例如，结果无价值论者一般承认目的犯中的目的属于主观的违法要素。②再如，结果无价值论者也承认故意是未遂犯中的主观违法要素。③即使不予承认，结果无价值论者一般也会认为，行为意思在判断未遂的可罚性之时具有重要意义。④然而，行为意思和故意中的意志要素的实质区别本身就存在疑问。在责任阶层上，只要采取规范的责任论，就不得不承认大量客观的责任要素。例如，过失犯认定中的结果可能性的判断、违法性认识可能性的判断、期待可能性的判断都不得不考虑行为人主观意思以外的大量客观事实要素。因此，即使作为一个描述性的命题，更妥当的描述应该是“不法应该同时考虑主观要素，责任也应该同时考虑客观要素”。

（二）同《刑法》的规定不协调

实定法是规范刑法学的出发点和落脚点。然而，将故意仅视为责任要素的观点同我国《刑法》的具体规定存在矛盾。

将处罚过失犯罪作为例外的立法，要求故意和过失属于构成要件要素。我国《刑法》第 15 条第 2 款规定，过失犯只有在法律有规定之时才加以处罚，这就意味着《刑法》以处罚故意犯为原则，以处罚过失犯为例外。如果将故意置于责任阶层，意味着在构成要件阶层无法区分故意犯和过失犯。而构成要件本身是刑法所描述的犯罪类型，《刑法》以处罚故意犯为原则，以处罚过失犯为例外，必然意味着在构成要件阶层就应该区分故意犯和过失犯。否则，构成要件是刑法描述犯罪类型的

① Vgl. Hume，Ein Traktat über menschlicher Natur，übersetzt von T. Lipps，Hamburg：Felix Meiner Verlag，1978，Band II，S.211.

② Vgl. Mezger，Vom Sinn der Strafrechtlichen Tatbestände，FS für Ludwig Traeger，Berlin：Stilke，1926，S.190.

③ Ibid.，S.197.

④ Vgl. Mezger，Strafrecht ein Lehrbuch，München u. Leipzig：Duncker & Humblot，1931，S.389.

要求必然被放弃。

将故意仅视为责任要素的观点也不符合《刑法》的规定。《刑法》使用的"盗窃""抢劫""抢夺""侵占""强奸"等词语，如果不考虑行为人的主观意思，根本就无法理解。既然这些词语描述的是相应犯罪的构成要件，故意自然也应该属于相应犯罪的构成要件要素。结果无价值论者认为应该在责任阶层区分开不同犯罪类型的观点，很明显同法律条文的规定不一致。或许结果无价值论者认为，罪刑法定原则体现于整个犯罪论体系之中，而不单体现于构成要件之中。然而，如果坚持这种主张的话，必然导致《刑法》规定的行为类型仅能从因果性的视角加以理解，也会造成共犯和正犯的区别一开始就丧失了基准的问题。

（三）刑事政策的诉求未必能实现

古典、新古典犯罪论体系将故意定位在责任阶层，还具有特殊的刑事政策上的意义。通过先客观后主观的判断方式，尽量排除法官在认定事实上的恣意性，实现犯罪判断的客观性。然而，将故意定位于责任阶层，未必能实现该项诉求。

将故意视为责任要素只是延后了故意的认定顺序并非排除故意的认定。然而，即使将故意视为构成要件要素，也同样能保证先客观后主观的逻辑判断顺序。换言之，这种延后并不会改变犯罪认定的实质逻辑。因为塑造刑事不法的实体是构成要件自身，违法性阶层仅具有协调法秩序统一性的功能，不能积极塑造构成要件不法。①因此，将故意视为构成要件要素之时，构成要件会被分为客观的构成要件和主观的构成要件。在犯罪判断之时，仍然是先判断客观构成要件该当性，然后再判断主观构成要件该当性。

避免主观要素判断的恣意性与故意的体系地位无关，而与事实认定方式有关。由于故意属于行为人的主观心理态度，难以直接窥视。

① ［日］松宫孝明：《刑法总论讲义》，钱叶六译，中国人民大学出版社 2014 年版，第 90 页。

如果完全听凭行为人的供述，无论是将故意放在构成要件阶层还是置于责任阶层，都不能避免故意认定上的恣意性。因此，对于故意的认定而言，重要的是如何通过客观的事实推定行为人的主观心理事实。例如，行为人拿着一根木棍子打击被害人的屁股，即使行为人宣称其具有杀人故意，也不可能单凭其供述认定其具有杀人故意。如果行为人拿着一把弓箭瞄准被害人胸口射击，即使行为人否认其具有杀人故意，也不可能被采纳，结果无价值论也承认这一点。因此，避免主观事实认定的恣意性的关键是如何恰当地运用刑事推定的证明方法，而与故意的体系地位并无直接关联。

（四）逻辑上的论证不充分

一般认为构成要件具有故意规制机能，或者说，具体的构成要件决定了具体犯罪故意的内容。基于此一要求，结果无价值论者认为，如果将故意视为构成要件要素的话，无异于要求故意的认识内容包括认识到自己具有故意，只有将故意视为责任要素才能避免这种逻辑上的奇妙结论。然而，即使承认故意属于构成要件要素，也不会损害构成要件的故意规制机能。《德国刑法典》规定，故意的认识对象是构成要件。因此，面临着如果将故意视为构成要件要素的话，要求行为人认识到自己具有故意的逻辑结论。然而，不同于德国将构成要件作为制定法的用语，我国《刑法》第 14 条仅规定，“明知自己的行为会发生危害社会的结果并且希望放任结果发生的是故意犯罪”，换言之，由于我国《刑法》并未将构成要件作为法律术语，自然不会面临构成要件等同于客观事实的难题。既然如此，完全可以将作为故意认识对象的构成要件作限缩解释，将之限于客观的构成要件要素，这种解决方式既具有妥当性，也具有正当性。

二、将故意仅视为构成要件要素的观点存在的问题

尽管抛开故意、目的等行为人的主观意思，将无法理解刑法分则描述的若干行为类型，但是真正从理论的视角说明故意属于构成要件要

素的是德国刑法学者韦尔策尔。他在批评因果行为论的基础上指出，行为的本质并非单纯的因果事态，而是对因果事态的目的性操控。换言之，作为刑法评价对象的行为之本质要素是行为的目的性。①既然构成要件是违法行为类型，作为行为核心的故意也应该属于构成要件要素。今天不少学者从规范论视角指出，既然构成要件是命令性或允许性规范，那么规范如果要发挥作用，必然要指向行为人的意思②，同样推出了故意应该属于构成要件要素的主张。此外，基于文理解释和构成要件个别化机能的需要，不少学者认为，故意应属于构成要件要素。认为故意属于构成要件要素的观点，原则上值得赞同，然而，如果认为故意只能属于构成要件要素，则无法妥当说明对故意犯的处遇重于过失犯的原因。

就具体的刑法条文规定而言，如果针对同一法益也处罚过失犯，就会发现，故意犯的法定刑重于相应的过失犯的法定刑。例如，针对生命法益的犯罪而言，故意杀人罪的法定刑可以达到死刑，而过失犯的法定刑最多只是七年有期徒刑。根据《刑法》第 5 条的规定，决定刑罚轻重的是行为的不法程度和行为人的责任程度。行为无价值论者认为，从规范违反的视角看，故意行为和过失行为违反的刑法规范的重要性以及强度不同，因此故意犯的违法性程度高于相应的过失犯的违法性程度。然而，刑法的目的是保护法益，违法性的本质也是法益侵害。③无论是故意杀人还是过失致人死亡，既然在不法层面所侵害的法益都是他人的生命，从不法的本质是法益侵害的视角看，二者的不法程度并无实质的区别。④因此，既然在不法程度上相同，那么导致故意犯的法定刑重于过失犯的法定刑的原因必然在责任层面。这就意味着，故意犯

---

① 参见陈兴良：《行为论的正本清源——一个学术史的考察》，载《中国法学》2009 年第 5 期，第 177 页。

② 参见[日]山口厚：《日本刑法学中的行为无价值论与结果无价值论》，金光旭译，载《中外法学》2008 年第 4 期，第 593 页。

③ 这一点也为我国《刑法》第 13 条所确认。

④ 参见张明楷：《刑法学》(第 6 版)，法律出版社 2021 年版，第 140 页。

罪的责任重于相应的过失犯罪的责任，也就意味着故意和过失也应该同时属于责任要素。

除此之外，如果仅将故意视为构成要件要素，也无法妥当处理正当化前提事由错误（容许性构成要件错误）。构成要件具有故意规制机能，如果行为人没有认识到相应的客观构成要件，就阻却相应犯罪故意的成立。构成要件故意规制机能的实质意义是建立构成要件的不法呼吁机能，即透过对客观构成要件的认识，实现相应的犯罪一般预防的目的。在行为人误以为存在违法阻却事由之时，构成要件的呼吁机能业已丧失作用。因此，正当化前提事由错误同构成要件错误一样，应该阻却相应的犯罪故意的成立，最多止步于相应的法益侵害行为的过失形态的犯罪。然而，如果仅将故意视为构成要件要素的话，由于构成要件故意是一种事实认识，正当化前提事由的错误并不阻却犯罪故意的成立①，这种法效果明显违背了同等事物同等处理的一般法原理。在行为人误认为存在正当化事由之时，其根本不存在敌视法秩序的现实意思。因此，必须与相应的敌视法秩序的故意犯罪区分开，其在法效果上只适宜按照过失责任予以评价。

当然也有观点认为，即使将故意视为构成要件要素也能妥当地解决正当化前提事由错误的问题。此种观点认为，作为犯罪故意认识对象的客观构成要件，不仅包括犯罪积极成立的要件，还包括那些阻却犯罪成立的消极要件（违法阻却事由）。②只有行为人同时认识到犯罪成立的积极要件以及不存在影响犯罪成立的消极要件，才能成立犯罪故意。根据此种消极的构成要件论，行为人误认为存在正当化前提事由之时，应该阻却构成要件故意。至少就正当化前提事由问题的解决而言，此种处理方式在法效果上是妥当的，在体系设想上是合乎逻辑的。然而，该种观点的妥当性也仅止步于此：其一，将构成要件故意的认

① 参见［德］韦尔策尔：《目的行为论导论——刑法理论的新图景》，陈璇译，中国人民大学出版社2015年版，第87页。

② 参见蔡桂生：《论故意在犯罪论体系中的双层定位——兼论消极的构成要件要素》，载《环球法律评论》2013年第6期，第73页。

识内容扩大到认识到不存在违法阻却事由，同人们的一般心理认识过程并不相符合。其二，由于现实中行为人几乎不可能认识到所有正当化前提事由不存在，这样一来，合乎逻辑的结论是几乎不可能存在故意犯罪，这种结论在刑事政策上无异于放弃了构成要件的一般预防机能。

第四节　故意双重体系地位之证立

通过前述考察的结论可知，作为一般的理由，只要承认刑法以处罚故意犯罪行为为原则，以处罚过失犯罪为例外，故意和过失必然要在构成要件的层面区分开。只要承认刑法的目的是保护法益，故意的刑事责任重于过失，则故意和过失又必然同时属于责任要素。而且这种处理方式，还能妥当地解决正当化事由前提错误的问题。这就意味着，仅将故意视为责任要件或者仅将故意视为构成要件要素的观点都有失偏颇。故意必然既属于构成要件要素又属于责任要素。然而问题是，将同一心理事实分割为构成要件故意和责任故意是否违背禁止双重评价原则，以及这样的构成要件故意和责任故意的具体内涵究竟为何？这涉及故意双重体系地位的构造问题。

一、故意双重体系地位构造上进行区分的该当性

（一）故意双重体系地位的方法论上的构造

目的行为论的批评者指出，如果故意只属于不法评价的对象，那么故意就包括了一切指向目标的设想，以及因此产生的结果和附随后果。换句话说，从目标的设想到目标的实现的整个心理过程都囊括于故意之中，导致责任评价基础的丧失。其实，导致这种结果的根本原因是目的行为论受制于本体主义，在故意的体系构造问题上采取了整体主义

的思考方式。即使因果行为论在处理故意体系地位之时，仍然采取整体主义的思考方式。这种基于存在论之上的整体主义的思考方式确实符合人们一般的常识、经验，但是对于法学问题的精确评价而言，这种整体主义的思考必须让步于分析的思考。将作为同一心理事实的故意分为构成要件故意和责任故意，正是方法论上的分析思考的产物。当然，或许有观点会提出疑问，这种分析性的思考是不是有充足的理由，会不会违背禁止双重评价的原则。然而，如果考虑到构成要件故意和责任故意是基于不同的原理，具有不同的构造的话，就会明白这种担心是多余的。

（二）故意双重体系地位的一般原理上的构造

区分构成要件故意和责任故意的思考之所以是正当的，在于两者存在一般原理上的区别。具体来说，分为以下两点。

其一，构成要件故意和责任故意对故意内容的要求不同。[①]犯罪是该当构成要件的违法有责行为。因为真实的生活过程非常丰富，而构成要件只是在这种丰富的生活过程中抽象出来的结果，它必然只是各种具体的犯罪情状中的一个共性部分。构成要件只能够回答哪些行为是故意杀人行为，哪些行为是盗窃他人财产的行为的问题，并不能在类型化行为之外同时表明作为个体的行为的责任的轻重，有责性有独立的判断对象。所以构成要件故意要求的是一种抽象的、类型性故意，是对众多具体犯罪情状中各个故意内容的一般化、抽象化，其一开始关注的就不是与行为人自身的关联。与此相对，责任的内涵是具体的，是行为人个人的要素，是一般共性以外的另一种行为人的个性的部分，责任故意针对的是具体的犯罪者。

一些学者认为，故意从属于一个阶层就必然导致它不能够从属于另外一个阶层。但这一观点却因动机的体系地位而动摇了。古典犯

① 按照梅茨格的观点，不法可以限定为对无关对象的客观评价规范，责任可以理解为针对个别法约束对象的主观确定规范，虽然古典犯罪论体系的观点不能贯彻，但至少证明构成要件故意和责任故意的认识对象和内容不同。参见江溯：《论犯罪故意在三阶层体系中的地位》，载《法学论坛》2022 年第 1 期，第 66 页。

罪论体系把所有的主观要素都归为责任，目的行为论体系则通过区分意志实现与意志形成来区分不法与责任，并认为动机作为意志形成的因素，应当作为责任的要素存在而排除出不法的范畴。但越来越多的学者认为，意志的实现过程也存在动机要素。①那么，既然动机可以同时作为两个阶层的要素的话，那故意也能够同时存在于不法和责任当中。

其二，构成要件故意和责任故意的机能不同。刑法既需要一般预防，也需要特殊预防。在犯罪论体系当中，构成要件故意强调一般预防，而责任故意强调特殊预防。一般预防是指防止潜在的社会一般人犯罪，而特殊预防则是通过对特定的犯罪适用刑罚来防止个人再犯罪。②一般预防是一种立法预防③，因此其功能不能建立在某个行为人的具体故意的基础上，而应当是一种抽象化的、高度概括的故意。构成要件是类型化行为，构成要件中故意的犯罪个别化机能能够使社会一般人知道哪些行为是刑法所禁止的，也能够了解禁止行为之间的区别，从而防止潜在的社会一般人犯罪（消极的一般预防），或者激励民众遵守正确的规范（积极的一般预防）。而特殊预防的实施就已经宣告了立法预防的失败，因此，在特殊预防时需要考虑行为人的危险人格，而故意和过失犯罪所体现的行为人反社会的人格并不相同，故意犯的危险人格在于对法律的蔑视，而过失犯则只是漠视了法律规范。“这种因人而异的用刑与行刑思想就是刑罚个别化原则，此乃特殊预防的核心所在”④，而两者之间的差异必须通过责任故意和责任过失来体现。

---

① Vgl. Ziegert, Vorsatz, Schuld und Verschulden, Berlin: Duncker & Humblot, 1987, S.145.

② 参见周光权：《行为无价值论与积极一般预防》，载《南京师范大学学报（社会科学版）》2015 年第 1 期，第 39 页。

③ 参见何荣功：《“预防性”反恐刑事立法思考》，载《中国法学》2016 年第 3 期，第 146 页。

④ 参见王刚：《论我国刑罚理论研究中的四个误区——刑罚目的一元论之提出》，载《法学论坛》2012 年第 1 期，第 120 页。

二、故意双重体系地位在体系中的具体应用中的正当性

（一）故意应当属于不法要素

对单一故意体系地位的批判还没有完全解决故意的体系归属问题。如果仅按照目的行为论者的观点，只是将故意从责任阶层前置到构成要件阶层，将故意作为构成要件符合性行为的目的性要素的理由还不够充分。因为目的应当归于故意，这一点不论是作为目的行为论者还是其反对者都持支持的态度。故意意味着某种特定的目的性，行为也需要特定的目的性内涵，犯罪类型化的举止中的故意要求也是因果地被表达出来的。这就说明，符合构成要件举止的目的性在犯罪类型区分前就已经存在，是否认可目的性对故意的体系定位没有任何的意义。例如，杀人的犯罪类型以故意和一个目的性的杀人行为为前提，但是也可以说，杀人的不法类型只是造成了死亡结果，对因果流程的目的性决定直到责任阶层的故意才作考虑。

其实，目的行为论者与反对者的矛盾并不是故意的目的性意义，而是故意在不法和责任领域所扮演的角色。符合构成要件的举止究竟是能表达出违法的目的性内涵，还是能够表达出违法且有责任的目的性内涵，这个问题还没有涉及犯罪类型的不法意义。故意在体系中的地位不像目的行为论所设想的，单独取决于本体论的衡量，故意更多的是一种价值衡量的问题。不是因为对人的举止存在结构的考察对立法者来说不再有意义，而是法律对行为的评价不需要扩张到行为从目的到因果的完整性。①人的举止是多层次的形象，即使是一个纯粹因果的流程，也是一个多层次的形象。因为任何一个有原因地引起的事件都不是盲目的，都是被设定了目标的意志所操控的，是被目的性确定的。②因此，尽管目的行为论给学界开拓了眼界，但我们依然应当换一种角度来看待问题，即行为要从真实的法益侵害的角度来考察，对行为

①② Vgl. Gallas，zum gegenwärtigen Stand der Lehre vom Verbrechen，in：ZStW 1955，S.32.

的法律评价不采用目的行为论的“目的—因果”的意义统一体的观点，而是只考虑其因果面。一方面，目的行为论把故意前置到构成要件阶层是把故意与目的性等同，但另一方面，在故意行为之外却“不存在刑法上重要的目的”，这就给了故意仍然保留在责任阶层的空间。

在论证故意属于构成要件阶层之前，应当先否定目的与故意的等同。经过目的行为论的洗礼，构成要件故意在学界的地位根深蒂固，但是同时也造成了一种混淆，即故意被等同于目的。目的行为论体系对符合构成要件的举止作了颠覆性的解释，即目的性的解释，这是对当时通说因果行为论的解释的巨大挑战。后者指的是举止对结果的单纯引起，最有代表性的是结果犯，比如杀人，古典犯罪论体系用杀人为例的情况数不胜数。但是构成要件要适用于所有的犯罪类型，而不能只适用于结果犯。伪造、诈骗、侵占、猥亵等举止都有主观的意义在背后操纵，这种举止就不能是一种单纯的因果流程的描写。古典犯罪论体系为了把目的性的流程限制为一个因果的流程，就必须虚构出一个统一的意义共同体，把客观和主观要素按照一个逻辑顺序排列起来。换句话说，就是把法定的行为类型的释意限定在不法领域，即将违法性的判断限定在符合构成要件的行为的因果面。即便是目的行为论提出之后，学者也依然坚持这种观点，这样就把证明目的性主观构成要件的合理性和必要性的举证责任牢牢地固定在了目的行为论者处，原因就是这里古典犯罪论体系所强调的违法性的本质或者不法判断的内涵是客观的。事实上，因果的考察方式就是建立在以下两个方面，其一就是坚持了形式违法性的客观特征，其二则是认为不法就是法益侵害。①

但是将故意仅视为构成要件要素根本没有考虑违法性理论的实际应用。按照目的论的观点，大多数构成要件都能够得出关于体系地位的答案，即立法者在规定符合构成要件的行为的同时，也想塑造一个禁止性的行为，即行为的目的面是禁止性的前提，也就是违法性的要素。

① Vgl. Gallas, zum gegenwärtigen Stand der Lehre vom Verbrechen, in: ZStW 1955, S.34.

正如博科尔曼所说，法条中所刻画的内在目的性，只是日常生活中的目的性的一部分，后者是故意的前提，而非故意本身，不能与刑法上的目的等同。就像我们日常生活中所说的“拿走”根本就不要求是盗窃罪中的“陌生人财物”，所以禁止规范所要求的拿走陌生人财物是任意的，而非目的性的。因此，目的论体系所强调的统一的目的性概念应当予以抛弃。故意与目的有着相似之处，却有着根本的不同。但是如果故意不等同于目的的话，那故意进入构成要件阶层的理由何在呢？

1. *只有存在构成要件故意才能够实现构成要件的功能*

刑法法条规定了禁止性规范，那么根据罪刑法定原则，故意也是禁止性规范的组成部分。罪刑法定原则在排除权利恣意，保障法的安全性和公民的人身权利方面发挥了巨大的作用。①罪刑法定原则体现在犯罪论中的表现形式就是构成要件，只有存在构成要件故意，才能区分罪与非罪、此罪与彼罪，从而实现构成要件的各种机能。

首先，故意属于构成要件才能够发挥构成要件的保障机能。例如，《德国刑法典》既规定了第 212 条故意杀人罪，也规定了第 222 条的过失杀人罪。那么第 212 条禁止性规定所规定的是不得故意致人死亡，而第 222 条规定的则是不得过失致人死亡。所以如果行为人在杀人的时候不具有犯罪故意，那么就不满足第 212 条的构成要件，从而不存在故意杀人罪的不法②，那么就不得以故意杀人罪对行为人判处刑罚。这样刑法才能够实现“刑法既是善良人的大宪章，也是犯罪人的大宪章”的重要目标，既不会轻纵犯罪，也不会将无罪之人入罪。

其次，构成要件故意的存在能够使构成要件发挥犯罪个别化机能。③严格来说，犯罪个别化机能是构成要件的保障机能的衍生机能。

---

① Vgl. Dennecker, Nullum crimen, nulla peona sine lege und seine Geltung im Allgemeiner Teil des Strafrechts, in Festschrift für Otto, Köln: Carl Heymanns Verlag, 2007, S.25.

② Vgl. Jescheck u. Weigend, Lehrbuch des Strafrechts Allgeminer Teil, 5. Auflage, Berlin: Dunker & Humblot, 1996, S.241—242.

③ 参见陈兴良：《四要件：没有构成要件的犯罪构成》，载《法学家》2010 年第 1 期，第 27 页。

为了避免构成要件非法出入罪，发挥构成要件的保障机能，构成要件必须将此罪与彼罪区分开来，以《德国刑法典》第212条和第222条为例，如果故意属于责任阶层，那么第212条和第222条就没有办法区分。就会像贝林所说，故意杀人和过失致人死亡在构成要件阶层相同，都造成了他人死亡的结果，只有在责任阶层才能够区分，这无疑使构成要件丧失了犯罪个别化机能。不仅是法条上同时规定了故意和过失犯罪的没有办法区分，只规定故意犯罪的也无法区分。像第242条盗窃罪，法律只规定了故意盗窃他人动产的，非法占为己有或使第三人占有的，才处以刑罚。如果故意不属于构成要件，那么过失拿走了他人动产的，也属于符合刑法上构成要件的行为，这就没有办法在构成要件阶层区分罪与非罪，如果到责任阶层再进行考虑的话，那么必然导致司法资源的浪费。

再次，故意属于构成要件才能使构成要件发挥违法性推定机能。①构成要件是否具有违法性的推定机能的争论源自德国刑法学家贝林，贝林认为构成要件是行为类型，不具有违法性推定机能。当然这既是故意从属于责任阶层的理由，也可以说是故意从属于责任阶层所带来的结果，也同样是其坚持构成要件价值无涉，坚持事实与价值区分所带来的必然结果，因此构成要件和违法性就是相互独立的问题。按照贝林的观点，构成要件不是犯罪类型，而只是犯罪类型的指导形象，并不是后者的组成部分，构成要件也不能和违法性一起组成不法阶层。就比如正当防卫行为，虽然正当防卫行为也致人死亡，但是却不违法。这正是违法性阶层所应当判断的内容，即是否存在违法阻却事由。倘若坚持把故意放到责任阶层，从而不得不坚持构成要件与违法性没有关系，那么犯罪论体系的阶层逻辑顺序又是从何而来？为什么还要坚持构成要件在违法性之前的逻辑顺序呢？虽然贝林的行为类型认为，构成要件只是为了方便考察违法性，但是在两者各自独立的情况下，为

① 参见陈兴良：《四要件：没有构成要件的犯罪构成》，载《法学家》2010年第1期，第27页。

什么构成要件能够方便解释违法性？一个问题方便另外一个问题的考察就必定因为两者之间存在某种联系，这是坚持把故意排除出构成要件阶层所不能解释之处。如果构成要件与违法性之间没有推定关系，就不能解释，为什么违法性阶层只进行消极的判断。所以故意从属于构成要件阶层不仅具有区分罪与非罪的保障机能，或者区分此罪与彼罪的个别化机能，故意从属于构成要件阶层还是违法性推定机能的必要条件，更进一步说，是维持三阶层犯罪论体系前后逻辑顺序的必然要求。

最后，故意属于构成要件能够满足构成要件的故意规制机能。①故意不能等同于目的，故意也不是一个空洞的术语，故意需要具有明确的认识。刑法意义上的故意概念自产生之日起便具有两个方面的因素，即意志因素和意识因素。虽然在德国刑法学发展的过程中，也曾出现过意志要素不要说等观点，主张故意只需要有认识因素就足够了。但这并没有阻碍主流观点前进的步伐，故意仍然应当具有两个方面的因素。构成要件的故意规制机能不能从其本身得出，否则就是循环论证，得出的结论也不具有可信性。传统观点认为，故意的认定可以采用故意论和错误论两条路径，即如果行为人认识到的事实与客观发生了的事实相一致，则由故意论来认定故意。反之，则采用错误论来认定事实。②传统观点要么认为两者是整体与局部的关系（错误论是故意论的组成部分），要么认为两者是一般与例外的关系。③但两者的核心观点都是以故意论为基础，即要想解决错误论的问题必须首先明确故意的认识内容，因为错误论实际上是解决何种情形下的错误不重要的理论。但笔者认为，这实际上是对两者在认识论上先后顺序的误解。

我国《刑法》第14条规定了故意犯罪，却没有关于错误问题的规定。我国关于错误的讨论源自苏联刑法理论，而对苏联刑法追根溯源

① 参见陈兴良：《四要件：没有构成要件的犯罪构成》，载《法学家》2010年第1期，第27页。

②③ 参见欧阳本祺：《具体的打击错误：从故意认定到故意归责》，载《法学研究》2015年第5期，第106页。

的话，又可以追溯到德国刑法理论。①但是德国刑法典没有规定故意的具体含义，因为立法者担心现在给故意定义会束缚刑法进一步发展。②因此，与我国传统刑法观点正好相反，德国刑法中故意的认识内容实际上是从法条对错误问题的规定中倒推出来的。③《德国刑法典》第 16 条第 1 款规定，“行为人在行为时对法定构成要件缺乏认识，不认识是故意犯罪，但要对其过失犯罪予以处罚”。④因此可以得知，“凡是构成要件要素都是故意所认识的客体，从而限制或者决定了故意的内容”。凡是与构成要件的成立有关的要素，都是故意的认识内容，缺乏这种认识，构成要件就不成立。故意的认识内容包括对行为符合构成要件的客观事实的认识，所以构成要件是决定犯罪故意的事实范围，构成要件能够规制故意的内容。

2. 只有存在构成要件故意才能区分不法的严重程度

故意犯罪的行为不法相对于过失犯罪有着更重的行为无价值特性，甚至很多的法条都只规定了故意犯罪，而过失犯罪不可罚。法条将故意视为一种符合构成要件的不法要素，所以才在构成要件的描写中大量使用目的性的词语，比如《德国刑法典》第 232 条中的“为了”、第 263 条诈骗罪中的“欺骗”，在这些法条中，抛开故意，以纯粹因果解释法条的字面含义根本就不可能实现⑤，而这种目的性是故意与过失严重程度的不同在法条用语上的表现。如果否定构成要件故意，那么构成要件和不法当中就只剩下客观的法益侵害，故意的不法和过失的不法不存在任何的不同。因为故意的不法和过失的不法从客观角度来

---

① Vgl. Willer, Von der Entstehung eines sozialistischen Strafrechts: Die „Leitenden Grundsätze zum Strafrecht der RSFSR“des Jahres 1919, in: Zeitschrift der Savigny-Stiftung für Rechtsgeschichte. Germanistische Abteilung, 2011, S.428.

② Vgl. Roxin, Unterlassung, Vorsatz und Fahrlässigkeit, Verusch und Teilnahme im neuen Strafgesetzbuch, in: JuS, 1973, 197.

③ Vgl. Hillenkamp, Die Bedeutung von Vorsatzkonkretisierungen bei abweichenden Tatverlauf, Göttingen: Schwatz, 1971, S.243.

④ 《德国刑法典》，徐久生、庄静华译，中国方正出版社 2002 年版，第 10 页。

⑤ Vgl. Schönke/Schröder/Lenckner, StGB Kommentar, 28. Aufl., München: C. H. Beck Verlag, 2010, vor §§ 13, Rn. 55.

看，都是法益侵害或者法益侵害的危险，故意和过失都是对法益侵害这种客观可罚性条件的认识。故意和过失存在不同的事实。在构成要件和不法当中，强调的不是行为人个人的可为，而是一般性的应当。这种应当对故意犯来说就是一种当为，对过失犯来说就是一种一般性的注意义务。当行为人客观上违反了注意义务时，行为就具有过失的违法性。这种客观的注意义务是一般人在行为人的处境下能够作出的正确举动，这里对过失行为是否违法的判断没有考虑行为人的个人能力问题，而是通过一般人应当具有的注意义务来确定行为人的不法。

不仅故意犯罪和过失犯罪在不法当中的内容不同，两种形态的判断方式也不同。在故意犯罪中，行为人的个别化设想是具有决定性意义的，而在过失犯当中，假定的一般人的设想则占据了决定意义的地位。故意犯中的故意，即目的行为论所说的“客观的目的性”，对故意的判断是利用因果关系来作出的。①对过失犯来说，其不法在于客观的可预见性，是从客观的注意义务的范畴派生出来的，通说一直认为，过失犯中是客观注意义务使因果流程变得具有相当性。②那么，可以得出结论，故意和过失在不法当中就存在不同，内容和判断方式的不同实际上是两者严重程度的不同在法律上的体现。法律以处罚故意为原则，以处罚过失为例外。“除法律规定过失犯罪外，没有故意就根本没有不法，同时，故意杀人与过失致人死亡、故意伤害与过失伤害等行为也在不法的严重程度上存在区别，即存在事实上的区别。因为如果构成要件不能贯彻区分罪与非罪、此罪与彼罪的功能，那无异于构成要件的自我否定。”③

除此之外，有学者认为，不法的要素必须从违法性的本质中发展出来。④所以刑法规范的目标就是要确定哪些人类的意志应当被规定进

① Vgl. Dannert, Die finale Handlungslehre Welzels im Spiegel der italinischen Strafrechtsdogmatik, Göttingen: Otto Schwartz, 1963, S.24.

② 对此，可以参见德国联邦法院的判例集，BGHZ 3，261。

③ 蔡桂生：《构成要件论》，中国人民大学出版社 2013 年版，第 240 页。

④ Vgl. Hirsch, Der Streit um Handlungs- und Unrechtslehre, insbesondere im Spiegel der Zeitschrift für die gesamte Strafrechtswissenschaft, in: ZStW, 1981, S.844 ff.

刑法中,从而保护整个社会中所有不可或缺的法益不受不法侵害或者不法侵害的威胁。由此可以得出结论,追求犯罪结果的意志活动是被禁止的,而这种意志活动是在一定的认识程度上发生的,即认识到结果必然或者可能发生。①因此,从规范的这种内涵可以推断出,构成要件实现的意志是行为不法的组成部分。②通过违法性判断对对象的评价既包括行为的外部要素,也包括行为的内部要素。而且这样也能够保证不法的客观性,仅有一般性的要求就已经足够对行为人的违法性进行判断,因为行为人忽视了法对一般人的一般性要求。人的不法是主体的客观不法。③故意是直接针对规范命令的行为意志,是人的不法的核心,所以在不法当中必须存在构成要件故意。

3. 故意是目的等主观构成要件要素成立的前提要求

目的等主观构成要件要素的发现,使新古典犯罪论体系难以在体系上自圆其说,但是该发现却否定了故意作为构成要件要素的存在,因此遭到了目的行为论的批判。但是目的行为论的批判忽略了故意存在于构成要件阶层是目的和倾向存在的前提,而不仅因为目的犯中的目的、倾向犯中的倾向属于主观的构成要件要素,从而推导出故意也属于构成要件。以目的犯为例,目的犯被宾丁称为“限缩的结果犯”(coupierte Erfolgsdelikte)④,因为如果不存在犯罪目的,即便产生了犯罪结果,也不满足该罪的犯罪构成。比较典型的是盗窃罪和诈骗罪,在拿走陌生人财物的时候,只有认识到自己具有主观占有的目的才能够成立盗窃罪。同理,只有意图为自己或第三人获得不法财产利益的,才能够成立诈骗罪。如果行为人在拿走陌生人财物,或者在获得他人财产的

① Vgl. Gallas, zum gegenwärtigen Stand der Lehre vom Verbrechen, in: ZStW 1955, S.54. Ebenso Bockelmann/Volk, Strafrecht Allgemeiner Teil, S.53f.

② Vgl. Jescheck u. Weigend, Lehrbuch des Strafrechts Allgeminer Teil, 5. Auflage, Berlin: Dunker & Humblot, 1996, S.242.

③ Vgl. Lampe, Das personale Unrecht, Berlin: Duncker & Humblot, 1967, S.208.

④ Vgl. Binding, Lehrbuch des deutschen Strafrechts, Besonderer Teil, 1. Band, 2. Aufl., Leipzig: Engelmann, 1902, S.12.

时候，根本不知道自己拿走或者获取的是他人财物，而误认为是自己的，那么行为人就没有盗窃罪或者诈骗罪的犯罪故意，就更谈不上行为人非法占有的意图了。倾向犯也是如此，以猥亵罪为例，如果行为人没有猥亵的故意，如妇科医生的检查行为，则其犯罪倾向也就不可能存在。因而，构成要件故意的存在，是目的犯中的目的、表现犯中的表现等主观构成要件要素的逻辑前提。

4. 只有存在构成要件故意才能解释未遂行为

未遂故意属于构成要件从古典犯罪论体系开始便是学界的通说，并一直为后续的刑法理论所继承。在古典犯罪论体系当中，贝林和李斯特强调构成要件的客观性，即客观上造成了什么样的结果就满足某个或某几个罪的犯罪构成，在责任中考察行为人具有故意还是过失，再最终确定定哪种罪名。未遂故意属于构成要件必然导致体系张裂。因为在未遂犯罪当中，并没有产生客观的犯罪结果，如果只在构成要件中强调客观结果，坚持到责任阶层才考察故意过失的话，那么行为人就会因为没有造成犯罪结果而不满足犯罪构成。基于阶层性的思考，行为人的行为根本就没有责任阶层考察其是否存在故意的空间。这无疑会轻纵犯罪，不利于严密刑事法网，连“刑法是善良人的大宪章”的作用都不能保证。

所以古典犯罪论体系承认了未遂故意属于构成要件阶层是一种例外，这也成了目的行为论批判的突破口。因为如果未遂故意属于构成要件阶层，那么在未遂到既遂的瞬间，为什么故意就从构成要件阶层转移到了责任阶层?①未遂作为既遂的一个阶段，未遂当中所包含的构成要件要素，既遂当中也应该包含。虽然这种观点是目的行为论为了批判古典犯罪论体系，证立自己体系的正当性所提出的，但是作为构成要件故意存在的理由也十分恰当。目的行为论的论证前文已经有了详细的讨论，在此不再赘述。

① Vgl. Welzel, Die deutsche strafrechtliche Dogmatik der letzten 100 Jahre und die finale Handlungslehre, in JuS, 1966, S.422.

5. 故意等主观的不法要素存在才能证明主观的违法阻却要素的存在

罗马法时代，报复性的行为不能被认定为正当防卫[①]，那些具有某种主观要素的正当防卫则被排除出了罗马法处罚的范围。教会法时代，将现在认为是主观违法阻却要素的事由通过责任原则加以运用。普通法时代，传统的违法阻却事由也依然作为一个责任问题。[②]甚至在19世纪中期，违法阻却事由还是作为责任的归责问题处理，因为当时的违法性和责任还没有区分开来。随后，布黎（Buri）肯定了对缺乏正当防卫认识的情况处以未遂刑罚在理论上的正当性。宾丁则认为应当区分清楚“认识到自己处在正当防卫的情境下”（Bewußtsein der Notwehrlage）和“防卫的目的”（Verteidigungszweck），如果缺乏两种主观要素，就否定其行为可以成立正当防卫。在古典犯罪论体系中，主观违法阻却要素作为违法阻却要素的一种例外形式，具有独立的体系地位与意义。但除此之外，原则上认为“违法性与行为人的认识和意志没有关系”。[③]其所坚持的构成要件客观和价值无涉，使其认为主观违法要素只是一种例外，仍然必须保持违法的客观性。真正将主观违法阻却要素与责任要素区分开来的是迈耶，他认为主观违法阻却要素是不法的问题，而非责任。

在迈耶提出主观违法阻却要素的问题之前，费舍尔首次在民法当中提出了主观违法阻却要素可以是不法的一种现象。迈耶也深受其影响，并认为刑法当中的犯罪具有的内心倾向可以阻却违法。比如，《德国刑法典》第223条的故意伤害罪，对法益的侵害并不只是简单地通过外部中立的举止达成的，而是要结合行为人的内心“举止”。因此，行为人内心的倾向在此不能作为责任的一部分，而是应当作为不法的要素。

---

① Vgl. Mommsen, Römmisches Strafrecht, Leipzig: Duncker & Humblot, 1899, S.621.

② Vgl. Schaffstein, Die Allgemeinen Lehren vom Verbrechen in ihrer Entwicklung durch die Wissenschaft des gemeinen Strafrechts, Berlin: Springer, 1930, S.65.

③ Vgl. Beling, Die Lehre vom Verbrechen, Tübingen: Mohr, 1906, S.142.

只有故意等主观要素作为主观的不法要素，才能在违法性阶层进行消极的违法阻却事由的判断，因为违法阻却事由也需要考察行为人有没有认识到存在违法阻却事由的情况。仍然以第 223 条为例，行为人如果在面对不法侵害时，认识到了不法侵害，并对侵害者进行反击，打伤了不法侵害者，那么行为人就能够阻却违法，因为行为人对不法侵害有认识。倘若行为人对不法侵害没有认识，只是也恰好想去侵害不法侵害者，那么当他对不法侵害者造成身体健康的法益侵害时，行为人因为缺乏主观的认识，而不能阻却违法。因此可以得出结论，主观违法阻却要素的存在应当以主观违法要素的存在为前提。从语言的习惯上来说，这种逻辑上的先后顺序是显而易见的，对任何“存在”的否定，都要以该“存在”的存在为前提。

6. 构成要件故意是一般预防的要求

刑法中关于一般预防与特殊预防的争论持续时间较长，对于一般预防的正当性很多学者都持支持的态度，如日本学者井田良教授就曾说过，“坚持罪刑法定原则和以一般预防论为基础的相对的报应刑论的学者，则会采取行为无价值二元论——其重视在行为的时点明确违法、适法的界限的告知机能，以回应罪刑法定主义的必要条件，同时通过规范提示谋求一般预防”。[①]对于积极的一般预防来说，立法者是想通过刑罚的制裁效果，对那些没有违反规范的一般人进行激励和肯定，并对违法的举止和行为给出一个评判的标准，即任何触犯规范的行为都是错误的，任何违反刑法规范的人都要受到刑罚的制裁，而遵守了规范的人则会得到法律的奖励，从而使一般的公众能够确立对法规范，尤其是刑法规范的尊重与认同，从而达到预防犯罪的目的。[②]而消极的一般预防则把罪犯“当作纯粹的工具”加以使用[③]，即认为刑法对社会上的任

① [日]井田良:《変革の时代における理论刑法学》，庆应义塾大学出版会 2007 年版，第 118 页，转引自周光权:《行为无价值论与积极一般预防》，载《南京师范大学学报(社会科学版)》2015 年第 1 期，第 39 页。

② 参见周光权:《行为无价值论与积极一般预防》，载《南京师范大学学报(社会科学版)》2015 年第 1 期，第 38 页。

③ [德]冈特・施特拉腾韦特、洛塔尔・库伦:《刑法总论 I》，杨萌译，法律出版社 2006 年版，第 11 页。

何人的放纵，都会对社会造成威胁。因此，为了维护社会的长治久安，必须以刑罚对社会成员施压，防止他们实施犯罪行为。无论是积极的一般预防还是消极的一般预防，都注重社会一般人对法律的认知。如果公民对犯罪行为的法益侵害从客观上没有办法预见，也因此没有计划和重复的可能性，那么无论是积极的一般预防还是消极的一般预防，都不能实现其目的。不能预见，则所有的法益侵害的结果都只能看作不幸，而不会作为一般预防的效果。

一般预防的目的之所以能实现，是因为刑法规定了哪些举止符合构成要件，这样人们才能够预见自己的行为是否可能受到刑法的惩罚或者奖赏。按照通说的观点，目的等主观要素是界定举止是否符合刑法犯罪构成的重要因素，故意作为目的等主观要素的前提也应当属于构成要件。这些主观要素对不法类型的成立有着重要的影响，即不法的确定不仅局限于客观的法益侵害，行为人的目的、倾向故意等都对犯罪类型的认定有着重要影响。比如，行为人抢夺他人财物时不具有非法占有的目的，而只是给他人施以颜色，那么行为人就只能构成寻衅滋事罪，而不能构成抢劫罪。“从蔑视法律以及违法行为的象征意义的角度看，罪犯的内心活动其实相当重要，因此，对于应该增强规范效果的制裁措施的象征意义而言，也是如此。”①因此，犯罪论体系对不法的主观限定是刑罚运用正当性的理由。②但是这里需要明确一点，并不是罪犯所有的“内心活动”都应当作为刑法考察的对象，所以才会有不具有刑法上重要意义的主观心理要素。比如，犯罪嫌疑人在抢劫时所设想的，抢劫到钱财之后要从事什么行业，并不为刑法所考量。对于一般预防来说，考量的是一般人在犯罪时的一般化的故意和过失等主观要素。只有结合故意、过失等主观要素，犯罪构成要件才能实现其各种功能，同时刑罚的一般预防效果也才能够实现。

---

①　[德]冈特·施特拉腾韦特、洛塔尔·库伦：《刑法总论 I》，杨萌译，法律出版社 2006 年版，第 40 页。

②　参见周光权：《行为无价值论与积极一般预防》，载《南京师范大学学报（社会科学版）》2015 年第 1 期，第 42 页。

（二）故意应当属于责任要素

故意的体系地位既不是目的行为论所说的目的的问题，也不是目的行为与故意之间关系的问题，因此，故意从属于构成要件和不法阶层并非从目的行为论的立场中得出的①，但这还不是故意体系地位的最终结论。德国如今的通说认为，故意应当具有双重功能（Doppelfunktion），即故意既要作为主观构成要件要素，也要作为责任的要素。②具体原因有以下几点。

1. 故意属于责任是责任主义的要求

责任主义是刑法的基本原则，要求“刑罚要以责任为基础，没有责任就没有刑罚”。责任主义强调对行为人就犯罪行为或犯罪结果进行归责，而归责的前提是行为人对犯罪行为或者结果具有主观上的故意或过失。③无责任则无犯罪，无责任则无刑罚。责任主义要求责任是归责和犯罪成立的必要条件，也是量刑时的衡量标准。按照责任主义的理解，责任是确定犯罪刑种、刑罚强度及其界限的标准。④如此，刑法才能正确地规制国家权力和法官的恣意性，维护犯罪论体系产生的初衷。责任在维持刑罚适用的正当性上的作用，是构成要件阶层和违法性阶层都不能够替代的，因为“责任是行为人支配犯罪行为实施的故意或者过失的心理事实，在规范评价上的非难可能性”⑤，这种非难可能性是行为人对其自身的罪责进行救赎的一种均衡手段。但作为刑罚的界限，责任主义要求责任的判断必须具有内容，而不能因为主观要素的前置被掏空。

所以责任必须具有自己的内容，刑罚的质与量都要与责任保持比例或者均衡关系。这种比例或者均衡关系体现在法条对犯罪规定了不

① 参见孙运梁：《论故意在犯罪论体系中的地位》，载刘明祥、张天虹主编：《故意与错误论研究》，北京大学出版社 2016 年版，第 83 页。

② Vgl. Jescheck u. Weigend, Lehrbuch des Strafrechts Allgeminer Teil, 5. Auflage, Berlin: Duncker & Humblot, 1996, S.243.

③ 参见梁根林：《责任主义原则及其例外——立足于客观处罚条件的考察》，载《清华法学》2009 年第 2 期，第 40 页。

④⑤ 同上文，第 41 页。

同的法定刑，即使是同一犯罪形式，也因为主观责任的不同而规定了不同的法定刑。刑法对故意犯规定的刑罚重于过失犯，比如杀人行为，《德国刑法典》第 212 条故意杀人罪规定，非谋杀而故意杀人的，处 5 年以上有期自由刑，而《德国刑法典》第 222 条过失杀人罪，则规定过失致他人死亡的，处 5 年以下自由刑或罚金刑。同样都是导致他人死亡的结果，故意杀人罪比过失杀人罪规定了更高的法定刑。鉴于责任是刑罚的基础，这就意味着，故意和过失不仅是行为类型的两个不同的不法形式，其在责任上也是不同的。这意味着，故意和过失在具有相异的行为形态的同时，也作为两个相异的责任形态存在。①具备了构成要件符合性和违法性，还不能确定行为人一定具有责任、具有何种责任，所以还应该在责任阶层具体判断行为人是具有故意还是过失的心理状态。

2. 故意属于责任源自违法性认识的归属

在行为人对自己的危害行为及危害结果有认识的情况下，如果没有认识到自己的行为是被法律所禁止的，应该如何对行为人进行处罚，即违法性认识是否必要的问题。自古典犯罪论体系产生以来，尤其是在目的行为论体系对古典犯罪论体系进行批驳时，争论尤其激烈。既有声音认为违法性认识在刑法上不重要，也有观点支持违法性认识必须是故意的内容。

我国的通说和司法实务都基本采用了绝对的违法性认识不要说，即行为人无论是否存在违法性认识，都可以成立故意犯罪。②但是如果认为行为人只需要认识到犯罪事实，而否定违法性认识的存在必要性的话，无疑违反了前述的责任主义原则，不利于对人民法益的保护，亦即通说存在难以调和的矛盾。所以陈兴良教授曾批判说"既然刑法对犯罪故意并不要求违法性认识，那为什么行为人在确实没有违法性认

---

① 参见孙运梁：《论故意在犯罪论体系中的地位》，载刘明祥、张天虹主编：《故意与错误论研究》，北京大学出版社 2016 年版，第 83 页。

② 参见周光权：《违法性认识不是故意的要素》，载《中国法学》2006 年第 1 期，第 165 页。

识的情况下又不应认为具有犯罪故意”。①实际上违法性认识不要说与教会法的观点非常接近，即行为人是否违法不以行为人的认识为转移。这是以国家公权力或者教会公权力为核心的法学思想，是国家权威主义的立场。这导致了“法不可知，则威不可测”的现象产生，刑罚本身难以令人民信服，因此违法性认识是必要的。

在确定了违法性认识的必要之后，应当再确定违法性认识的体系归属。所谓违法性认识，就是对行为是否违法的认识，当然不可能存在于构成要件阶层或者违法性阶层，而只能存在于责任阶层。对此，又分为两种观点，一种观点认为，只要违法性认识是故意的组成部分，就能够证明故意也属于责任阶层。另一种观点是笔者的观点，即违法性认识是责任的组成部分，而非故意的组成部分，但是具备责任故意原则上应当推出行为人具有违法性，“责任故意具有违法性认识的推定机能”。

按照第一种观点，即责任说的观点，刑法规定了故意犯比过失犯具有更重的法定刑，其中一个原因是故意犯与过失犯相比，具有更重的法敌对的意思。具体来说，故意犯凸显出了其对法规范的敌对态度，过失犯则显示了其主观对法秩序的疏忽大意或者漠视的态度②，而法敌对的意思要求以认识到法或者违法为必要。故意因为是敌对法规范的意思，因而是具有违法性认识的，而过失犯只是漠视了法规范，所以违法性认识只有存在于责任故意当中，才能够体现故意犯罪比过失犯罪具有更高程度的可谴责性或可罚性。另外，“将违法性认识也加入故意中，从而成为实质的故意概念，是一种将事实判断和价值判断合为一体的做法……罪责阶层增添一项罪责故意的要求，反而是有利于当事人的，有利于罪责范畴的限制机能的发挥”。③

对此，我国台湾地区的司法实务也肯定了违法性认识之于故意的

---

① 参见陈兴良：《违法性认识研究》，载《中国法学》2005 年第 4 期，第 135 页。

② 参见林钰雄：《故意的双重定位——以误认阻却违法事由前提事实为前提》，载刘明祥、张天虹主编：《故意与错误论研究》，北京大学出版社 2016 年版，第 69 页。

③ 蔡桂生：《论故意在犯罪论体系中的双层定位——兼论消极的构成要件要素》，载《环球法律评论》2013 年第 6 期，第 71 页。

重要性，如著名的“空气枪弹案”，判决曾作如下表述：“《刑法》第16条规定……所指法律之不知，专指刑罚法令而言，至其他法律（如民法、行政法）之不知或误认，而与犯罪构成要件攸关者，则属是否阻却故意范畴。”该判决先是否认了行为人不可能没有违法性认识，从而不能阻却故意：“众所周知，为维护社会安全，具有杀伤力之枪炮弹药系近年来严加取缔查缉之违禁物品，广经报纸杂志电视等大众传播媒体甚至航空公司强力宣导。以上诉人之社会阅历，有无可能不知台湾地区对管制枪支、子弹带回台湾地区，有处罚规定？”[①]并批判原审法院没有查明行为人是否有可能不具有违法性认识，从而认为原审法院的说理不完整。前述几点疑问“未见原判决调查说明，又原判决既认为上诉人原本不知将枪支、子弹带回台湾地区是否合法，继因航空公司人员准其托运上机，而误认为可合法带回台湾地区，则上诉人此项不知或误认，可否阻却故意？亦未见论叙，均嫌理由不备”。[②]可见，我国台湾地区也认为违法性认识的体系定位是其能否阻却故意成立的关键，这里的故意不可能是构成要件故意，所以此处说的“是否阻却故意的范畴”乃是指责任故意。只是原审法院的说理不明确，并不能够判断行为人是否有充足的违法性认识，因而没有为是否能够阻却故意说明理由。

按照第二种观点，即笔者的观点，也可以称为修正的责任说，是一种逻辑上的推理。构成要件符合性和违法性之间有逻辑上的先后顺序，具备构成要件符合性原则上具有违法性，或者说构成要件具有违法性的推定机能。对构成要件的认识和对违法性的认识都必须存在于两个逻辑阶层之后，而只有存在于责任阶层，即故意作为对构成要件的认识，而对违法性阶层的认识则当然作为违法性认识。那么在责任阶层中，这两个要素也应当具有先后的逻辑顺序，两者应当是递进判断的关系，而非包含关系。但即便是递进关系，也须要求责任故意存在于责任阶层，否则就没有办法进行递进判断。

①② 林钰雄：《故意的双重定位——以误认阻却违法事由前提事实为前提》，载刘明祥、张天虹主编：《故意与错误论研究》，北京大学出版社2016年版，第63页。

因此，笔者认为，无论采取哪一种观点，故意都应当是责任的要素。

3. 故意属于责任能够正确解决错误论的问题

正如前文所述，故意的认识内容是从错误论中倒推出来的①，错误论的重要性可见一斑。进一步来说，错误论印证着故意的体系归属，因为故意的体系归属直接决定着错误论的结论是否合理。这里的错误问题主要指的是假想防卫或者假想避险等正当化前提事实认识错误问题，即在行为人发生了正当化前提事实认识错误的情况下，如何对行为人认定责任的问题。

古典犯罪论体系因为故意不属于构成要件阶层，故意不具有区分罪与非罪的功能，所以在错误论上不存在逻辑上的矛盾，不需要回溯否定构成要件故意的成立或者借助其他理由来排除行为人的故意。逻辑上的正确性换来的是体系上的各种缺陷，对此前文已有论述。而目的行为论则因为将故意前置到构成要件阶层、排除出责任阶层，所以正当化前提事实认识错误也依然肯定构成要件故意的成立。但是这样一来，刑法打击的范围就被扩张了，刑法谦抑性得不到发挥。为了避免这种结果的出现，又不得不在责任阶层借助于违法性认识来限制犯罪的成立范围。如果判定行为人在行为时无法避免，则行为人的违法性认识错误不可避免。不过即便如此，这种方案得出的结论依然在刑事政策上没有说服力。因为假设行为人确实发生了正当化前提事实的认识错误，也只能在刑事诉讼中自行主张其欠缺违法性认识，并承担举证责任。一旦抗辩不成立或者举证不能，即便确实存在正当化前提事实认识错误，也不能阻却行为人的责任，仍要以故意犯对行为人进行处罚。

早期的新古典和目的论结合的犯罪论体系支持限制责任论。认为正当化前提事实认识错误并不是责任和违法性认识的问题，而仍然是构成要件故意的问题，需要否定构成要件故意的成立。早期的限制责

① 林钰雄：《故意的双重定位——以误认阻却违法事由前提事实为前提》，载刘明祥、张天虹主编：《故意与错误论研究》，北京大学出版社 2016 年版，第 63 页。

任论显然是为了解决目的行为论前置构成要件故意所带来的刑事法网扩张的问题，刑事政策上确实具有正当性，但是这成为该体系逻辑上的硬伤。为什么在已经肯定了行为人构成要件故意成立的情况下，又重新否定构成要件故意的成立？这已经违背了犯罪论体系自洽性，形成了“回旋飞碟”现象。①

目的行为论体系提出的构成要件故意，已经成为学界的共识，而构成要件符合性、违法性和有责性的阶层判断顺序也作为学界共识存在，加上《德国刑法典》第16条的规定，“行为人在行为时没有认识到法定构成要件所规定的情形的，则该行为不具有故意”。如何在既肯定三阶层的判断顺序，肯定构成要件故意的情况下，又能够修正“回旋飞碟”现象，否定正当化前提事实认识错误情况下行为人的故意，成为学界讨论的重点。以加拉斯、耶塞克为代表的新古典与目的论结合的犯罪论体系者主张肯定故意双重体系性地位，使故意能够发挥双重的机能，修正了“回旋飞碟”现象。在构成要件阶层仍然肯定行为人的构成要件故意，在罪责阶层以不具有法敌对或者法冷漠的意思，来否定存在正当化前提事实认识错误的情况时行为人罪责故意的成立，从而不能对行为人以故意犯进行处罚。法律效果的转用肯定了故意的双重分类，既肯定构成要件故意，也肯定责任故意。这种分类对事实性故意和价值性故意作出了区分，因此，即便肯定构成要件故意，但只要存在正当化前提事实认识错误，就仍可以排除价值性故意而不承担故意的责任和刑罚。②

---

① 参见[日]松宫孝明：《犯罪论体系再考》，张小宁译，载《中外法学》2008年第4期，第570页。

② 参见蔡桂生：《论故意在犯罪论体系中的双层定位——兼论消极的构成要件要素》，载《环球法律评论》2013年第6期，第75页。

第五章
故意双重体系地位对我国刑法理论与实践的影响

第一节 故意双重体系地位对我国刑法理论的借鉴意义

一、坚持阶层性的方法论思考方式

故意双重体系地位的问题首先是一个阶层犯罪论体系的问题。因此,它带给我们的首先是一种阶层性的思考方式,而三阶层犯罪论体系的演变过程又是在寻找一个合理的犯罪论体系理论。只有一个合理的犯罪论体系,才能完成犯罪论体系的三个目标。第一,能够对行为或事态从不同的角度进行反复的检验,以避免恣意出入罪。第二,能够区分不法与责任,在行为符合构成要件,但又具备或者不具备违法阻却事由或责任阻却事由时,能够为行为人有罪或者无罪的结论说明理由,而不是笼统地得出结论。第三,其他与犯罪成立有密切关系的问题,也能够妥善地解决。[①]故意双重体系地位的犯罪论体系就是这样一种犯罪论

① 参见周光权:《犯罪构成要件理论的论争及其长远影响》,载《政治与法律》2017年第3期,第24页。

体系，它的形成与论证过程保持了一以贯之的阶层性思考。从古典犯罪论体系创设阶层的犯罪论体系开始，阶层性的判断顺序就从来没有中断过。犯罪论体系是在寻找体系自洽性的过程中不断完善的，即便是在体系“改朝换代”的过程中，争论的双方也都会着重强调对方体系的逻辑错误。这样建立起来的犯罪论体系就是有目的的、有秩序的，从体系得出的结论及其想要达到的事实上的正确性，自运用体系解决问题的伊始便能够得到保障，反之，则会产生很多的问题。①比如，本书在第一章中所写的平面犯罪论体系无法处理与违法阻却事由之间的关系问题，在四要件的犯罪论体系中，这就是无法解决的体系之殇。

阶层的犯罪论体系，包括故意双重的阶层犯罪论体系，给我国刑法理论最为重要的启示就是思考的阶层性，体系方法论的意义在本质上是逻辑的运用。②笔者认为，故意双重体系地位对我国方法论的启发在于三个派生的属性，即体系逻辑的顺序性、体系逻辑的自洽性和体系的开放性。

首先，体系逻辑具有顺序性。阶层性思考是三阶层的犯罪论体系与四要件的犯罪论体系最大的不同。而阶层性思考最重要的问题是要有逻辑，犯罪论体系不应当是要素的堆砌，而是要有确定的先后考察顺序。同样是造成一个人死亡的结果，既有可能在构成要件阶段就排除其构成要件符合性，没有必要再考察违法性与有责性，如梦游杀人；也有可能其行为完全符合构成要件，但是却因为具有违法阻却事由，而不需要再考察其有没有责任，如正当防卫；如果既符合构成要件，也没有违法阻却事由，那么才考虑行为人的责任问题，不具备期待可能性的，直到责任阶段才进行考虑。这样的逻辑更能节约司法资源，也更能够为判决说明理由。

故意双重体系地位又有自己的特殊性，即体系要素阶层归属的非

---

① 参见周光权：《犯罪构成要件理论的论争及其长远影响》，载《政治与法律》2017 年第 3 期，第 25 页。

② 参见[德]普珀：《法学思维小课堂》，蔡圣伟译，北京大学出版社 2011 年版，第 179 页。

唯一性。在前文的论述中，可以得知，一个要素归属于一个阶层就必须排除出另一个阶层的观点是错误的。像故意、动机等主观要素在不法要素中的存在，并不妨碍其在责任阶层的归属，反而是更加贯彻了阶层体系的逻辑属性。比如，故意杀人和过失致人死亡，必须在不法阶层存在区分，不然就可能同时符合这两个罪的犯罪构成。故意和过失在可非难性上的差异，又要求在责任阶层也必须存在故意。行为人要具有形成犯罪意志的动机，又具备完成犯罪意志的动机，但这并不违背犯罪论体系考察的阶层性顺序。

其次，体系逻辑要讲究自洽性。有不少学者认为四要件的犯罪论体系优点很多，尤其是能够“见招拆招”，体系中哪里出了问题就在哪里作出修正。从阶层的犯罪论体系的视角来看，这并不是优点，而是“头痛医头，脚痛医脚”的“绷带式”做法。正是因为逻辑上的自洽性，所以古典犯罪论体系才拒绝作出让步，坚决认为故意只存在于责任阶层，也正因为逻辑上需要自洽，目的行为论才肯定构成要件故意。因为自洽性，在故意的体系地位作出变更之后，引起了一系列的其他要素的体系归属与理论争议。只有逻辑上能够自洽，“才能确保刑法判断和思维上的前后一贯，保证法治的实现”。①

最后，阶层的犯罪论体系的开放性。正如前文所说，源自苏联刑法的平面犯罪论体系保留了基于时局的考虑所留下的弊端。比如，苏联刑法不相信主观的要素，因此，除了区分故意犯罪和过失犯罪的故意与过失之外，不考察其他责任要素。至于动机等要素，都只是在量刑时才予以考量。但是阶层的犯罪论体系不同，从梅茨格提出实质的违法性概念，到韦尔策尔提出开放的构成要件，再到违法性认识的有无，期待可能性纳入责任的考察范围，超法规的违法阻却事由，超法规的责任阻却事由等，这些被后来的犯罪论体系所继承的开创性概念都证明了体系开放性的重要性。法本来就有滞后性的特点，尤其是刑法，不仅要面

---

① 参见周光权：《犯罪构成要件理论的论争及其长远影响》，载《政治与法律》2017 年第 3 期，第 25 页。

临法的滞后性的缺点，还要维持法的稳定性，又反而不得不去容忍法的滞后性。这样一来，就必须要使犯罪论体系具有一定的开放性。这一点在故意双重的犯罪论体系中体现得最为明显，它不但继承了古典犯罪论体系、目的行为论体系遗留下来的成果，更是开创性地解决了两大犯罪论体系都没能解决的故意体系地位的问题。

二、转变现有学说争议的考察视角

（一）我国行为无价值与结果无价值争论的现状

在我国，行为无价值与结果无价值的争论甚至早于阶层犯罪论体系与平面犯罪论体系的争论①，那么国内对行为无价值与结果无价值的争论就可能有失偏颇。行为无价值和结果无价值的争论虽已历经十余年，但基于先入为主的认识过程，学界还是对两者的争论有误读，并最终导致行为无价值与结果无价值的争论只是站在各自立场的循环论证。

我国刑法学界认为，行为无价值与结果无价值的争论是为了解决偶然防卫或者对物防卫能否得到刑法承认的问题，以及主观违法要素，尤其是故意的体系归属的问题，并进而能够影响司法实践。②具体来说，国内学界的主流观点对行为无价值与结果无价值的对立主要从三个方面进行理解。其一，两者对实质违法性的解释不同；其二，仍然坚持“违法是客观的，责任是主观的”这一古典犯罪论体系的阶层分类方式，只是两者对“客观”的界定不同；其三，也是最重要的对立，是两者对主观违法要素，尤其是故意的体系定位的不同态度。③笔者认为，国内刑法学界对这三点对立的总结恰好颠倒了对行为无价值与结果无价值争论应当具有的认识逻辑，故意双重体系地位的梳理，有利于厘清行为

① 参见劳东燕：《结果无价值论与行为无价值论之争的中国展开》，载《清华法学》2015 年第 3 期，第 60 页。

② 参见周啸天：《行为、结果无价值理论哲学根基正本清源》，载《政治与法律》2015 年第 1 期，第 25 页。

③ 同上文，第 28 页。

无价值与结果无价值的争论。在此，笔者先对国内学界的对立观点进行一次梳理。

首先，两者对实质违法性的认识不同，结果无价值将法益侵害作为违法性的实质，行为无价值则将规范违反作为违法的实质。两者评价的重心在于区分行为与结果，即行为无价值侧重于行为的角度，或者说侧重于价值判断，而结果无价值则强调实质违法性的事实判断。比如，韦尔策尔所创立的社会相当性理论就强调价值判断，日本的行为无价值论者接受了这种观点，如藤木英雄等学者就认为，行为无价值就是行为缺乏社会相当性。①因为违法性是人的违法性，并非所有的法益侵害都具有实质的违法性，只有社会上不具有相当性的法益侵害行为，才是违法行为，因此在判断违法性时，必须首先考虑行为本身的无价值。②而结果无价值论者认为，法益侵害的结果只能是一个事实判断，而且事实判断更为直观，比如，造成他人死亡的结果，无论行为人是故意杀人还是过失杀人，其在客观上的法益侵害结果一定都是无价值的，在确定了结果的无价值基础上，再倒推整个事件的全过程。③结果无价值论者认为，这也是一种本体论的思考，并且批判行为无价值所强调的对规范的违反同保护法益的目的之间存在冲突，甚至认为行为无价值论违反了罪刑法定主义的原则，因为行为无价值论承认主观的违法要素，混淆了违法性和有责性两个阶层，不能维持客观不法、主观责任的阶层分类方式。④

其次，行为无价值论和结果无价值论为了避免陷入主观刑法，都强调自身判断的客观性。结果无价值的客观性在于只存在对客观结果的评价，因而结果无价值从始至终都是客观的，这也是结果无价值的优势

---

①④ 参见张明楷：《行为无价值论的疑问——兼与周光权教授商榷》，载《中国社会科学》2009 年第 1 期，第 99 页。

② 参见周光权：《行为无价值论与主观违法要素》，载《国家检察官学院学报》2015 年第 1 期，第 79 页。

③ 参见黎宏：《行为无价值论与结果无价值论：现状与展望》，载《法学评论》2005 年第 6 期，第 121 页。

之一。而一元的行为无价值认为，行为人的目的、故意和过失是违法性的决定要素，结果无价值只是偶然的客观处罚条件，并不是刑法规范所禁止的对象，刑法禁止的只是人的行为。一元的行为无价值论太过片面，在我国，基本上没有学者支持一元的行为无价值。我国很多学者支持二元行为无价值论，认为应当结合行为无价值与结果无价值来综合判断违法性，但是违法性的判断也依然应当维持客观性。不过，加入了人的主观要素如何还能维持违法性判断的客观性？对此，行为无价值论者认为，这里的客观性并非是全方位的客观，即判断对象不是客观的，而只是判断标准的客观。①这种客观性也正符合韦尔策尔在《目的行为论导论》一书中所说的，将故意前置到构成要件阶层并不妨碍不法阶层判断的客观性。

最后，国内学者认为，正是由于对违法性的实质和违法性的客观性理解的不同，才导致行为无价值与结果无价值在看待故意的体系地位问题时的观点截然不同。结果无价值论认为故意应当属于责任阶层，而行为无价值论认为故意应当属于构成要件阶层或者属于不法。因此，结果无价值论者就面临了与新古典犯罪论体系所面临的一样的两难问题，即故意在未遂犯当中是否应当属于不法。如果结果无价值论认为，故意在未遂当中应该属于不法，因为未遂当中尚未出现犯罪结果，那么未遂故意在既遂的瞬间为什么能够从不法阶层转移到责任阶层？如果要维持结果无价值理论的体系上的一致性，就要否定未遂故意从属于不法阶层，那么在不出现犯罪结果的情况下，就不能在不法阶层肯定行为人的犯罪故意，因此所有的未遂犯都是不可罚的。面对这一两难问题，结果无价值论者产生了争议，这种争议在结果无价值的立场下就没有办法解决。行为无价值论在故意应当从属于构成要件阶层方面的论据取得了压倒性胜利，结果无价值论在这里根本没有反驳的余地。这一点正是压垮古典犯罪论体系的最后一根稻草。结果无价值

① 参见周啸天：《行为、结果无价值理论哲学根基正本清源》，载《政治与法律》2015 年第 1 期，第 28 页。

论在故意体系地位上的先天劣势无法克服，因为并非行为无价值与结果无价值最大的争论在于故意的体系地位，而是故意的体系地位决定了存在行为无价值与结果无价值的争论。以上三点对立也并不是孤立的，而是故意的体系定位所导致的连锁结论。

（二）行为无价值与结果无价值争论的应然进路

首先，故意的体系地位决定了行为无价值与结果无价值的对立。学界关于行为无价值和结果无价值争论的焦点达成了共识，即包括“违法性的本质是法益侵害还是规范违反、违法性的判断中要不要考虑行为人的主观不法要素（故意与过失）、判断违法性的基准点究竟是行为还是结果，以及对违法性有无的判断是采取行为时的判断还是事后的判断等”。①因此，行为无价值与结果无价值的争论归根结底是“违法性”的问题。但这里的违法性是要打上引号的，因为这里并不是真正的违法性的问题，而是不法的问题。在阶层的犯罪论体系中，违法性只进行消极的有无阻却违法性事由的判断，而不作积极的判断。因此，在违法性中并不考虑行为人属于法益侵害还是规范违反，也不考虑行为人的主观不法要素。这里所说的违法性中对各种问题进行判断，是对概念的一种混淆，即违法性（Rechtswidigkeit）和不法（Unrechts）之间关系的混淆。在梅茨格之前，古典犯罪论体系中违法性与不法之间的关系确实不清楚，但是梅茨格厘清了两者之间的另一层关系，即不法包括构成要件符合性和违法性两个阶层。因此，行为无价值和结果无价值的争论只限定在不法领域。

古典犯罪论体系为了限制法官的恣意性，一改教会法时代法院审判的弊端，树立形式法治国的思想，坚持客观不法、主观责任的区分方式，将事实判断与价值判断分离，认为在构成要件阶层就要坚持纯粹的客观性，只作事实判断，故意等主观要素只能作为责任要素存在。在构成要件阶层造成什么结果是客观既定的，至于定罪，则是责任阶层应当

① 参见劳东燕：《结果无价值论与行为无价值论之争的中国展开》，载《清华法学》2015年第3期，第61页。

考虑的范畴。因此，既然古典犯罪论体系中只考虑不法阶层，那么故意从属于责任阶层必然导致结果无价值论的产生。又因为结果无价值论在故意的体系地位上没有修正的余地，所以在未遂和既遂的争论上也无法得出统一的结论。

随着主观不法要素被发现，古典犯罪论出现了张裂，新古典犯罪论体系希望能够维持客观不法、主观责任的区分方式。但是未遂故意和既遂故意的两难问题成为古典和新古典犯罪论体系的缺口，加之主观违法阻却事由的存在，必然以主观不法要素存在为前提，所以故意又被韦尔策尔完全前置到了构成要件阶层，作为构成要件和不法要素。目的行为论者把故意等同于行为中的目的，而所有的故意犯罪都存在目的（故意），那么故意就是不法要素不可或缺的一部分。所以因果行为概念不能作为不法的基础，不法理论的基础只能是目的行为概念。①因此，所谓结果无价值是韦尔策尔对古典犯罪论体系不法阶层的总结，而行为无价值是目的行为论自己的概括，目的行为论体系对古典犯罪论体系的突破口就是故意的体系地位问题。所以说不是结果无价值与行为无价值的对立点之一是故意的体系定位，而是故意的体系定位导致结果无价值论与行为无价值论之争。

其次，与结果无价值强调自己的客观性不同，行为无价值的内涵经历过重要的变化，也是源自故意体系地位的变化。结果无价值因为将故意排除出不法，因此始终保持内涵的客观性。但是在目的行为论提出之初，面对新古典犯罪论体系者的批判，即目的行为论掏空了责任阶层，并把构成要件主观化时，韦尔策尔强调，即使故意从属于不法阶层，不法阶层的判断也依然是客观的："将故意置于构成要件之中，丝毫不影响它是一个客观的要素，构成要件也丝毫不会因此而滑向主观。另外，责任非难之对象所涉及的问题也不会有丝毫的减损，因为行为人对行为的心理态度是可谴责性的本质要素。但唯有如此，我们才能清晰

① 参见［德］韦尔策尔：《目的行为论导论——刑法理论的新图景》，陈璇译，中国人民大学出版社 2015 年版，第 39 页。

地突出构成要件行为的全部客观和主观内容，以及责任的本质及其基本要素。”①可见，韦尔策尔提出行为无价值时，认为构成要件是主客观相统一的，其并非纯粹的主观不法论者。不过，波恩学派尤以阿明·考夫曼为代表的学者随后将行为无价值彻底主观化，将行为无价值等同于意志无价值②，也就是彻底的一元行为无价值。

笔者认为，一元的行为无价值是违背韦尔策尔的目的行为论本意的。因为韦尔策尔把意志的形成等同于责任，把意志的实现等同于不法，如果把意图的无价值完全等同于行为无价值，那就相当于把整个犯罪等同于行为无价值，这无异于把两者争论的领域从最初的不法阶层扩张到整个犯罪论，那么结果无价值也就不需要仅强调客观结果与事实了。直到加拉斯提出了故意双重体系地位，即将故意一分为二，在不法阶层，故意仍然作为行为无价值的标尺，在责任阶层，故意则作为思想无价值（Gessinnungsunwert）的载体，填补被目的行为论犯罪论体系所掏空的责任阶层。以故意为载体，将新古典犯罪论体系与目的行为论体系、结果无价值与行为无价值进行折中思考。

最后，不法的实质，也是由于两者对故意的体系定位的不同而有所不同。因为古典犯罪论体系把故意归属于责任阶层，所以在构成要件阶层不对行为人的主观要素进行价值判断。因此，留在构成要件阶层的只有法益侵害，而纯粹客观的法益侵害导致即使存在法益侵害的结果，也并不一定违法，所以违法性阶层仍然要进行积极的判断。新古典犯罪论体系虽然发现了主观的不法要素，认为构成要件具有违法性的推定机能，但是由于仍然坚持将故意排除出构成要件阶层，因此梅茨格的实质违法性所坚持的原则是利益衡量原则，即法益与法益之间的衡量。换句话说，古典和新古典犯罪论体系由于坚持将故意排除出构成要件阶层，所以两者对不法的实质理解都是客观的法益侵害。

---

① 参见[德]韦尔策尔：《目的行为论导论——刑法理论的新图景》，陈璇译，中国人民大学出版社2015年版，第56页。

② 参见劳东燕：《结果无价值论与行为无价值论之争的中国展开》，载《清华法学》2015年第3期，第63页。

目的行为论认为，行为人究竟符合杀人罪的构成要件还是伤害致人死亡罪的构成要件，还是过失致人死亡罪的构成要件，首先应当在构成要件阶层加以区分，而这种区分完全是由故意的存在与否及其存在的范围所决定的。①恩吉施（Engisch）想要修正古典犯罪论体系的举措恰好证明了故意的重要性，即既遂犯中结果无价值已经可以满足不法的判断，但在未遂犯中只能用主观的不法要素来弥补结果无价值的缺失。不过如此一来，用客观法益侵害作为违法性本质的观点就不可能贯彻了，或者说，法益侵害不能够完整地说明不法。②因为不法"始终都是对于某个与特定行为人相关联的行为的禁止，不法是与行为人相关联的'人的'行为不法"。③行为无价值也就是人的行为的无价值，那么所有的行为无价值都是与人有关联的，因此人的行为无价值是具有普适价值的无价值，而结果或者法益侵害只是人的不法的组成部分。

综上，我国目前的行为无价值与结果无价值的争论都是站在各自立场上的循环论证，即结果无价值论者是站在古典犯罪论体系上来论证古典犯罪论体系的优点，而行为无价值论者则是站在目的行为论体系上批判结果无价值论，实际上就是批判古典犯罪论体系的缺点。行为无价值与结果无价值的争论在德国是目的行为论兴起和古典犯罪论体系不愿退出历史舞台所作的辩论，实际上两者的争论就是两个体系的优缺点的辩论，而两个体系最大的不同就是故意的体系定位的不同。随着体系的发展，古典犯罪论体系被目的行为论体系所取代，之后的刑法学者只有鲍曼还在坚持古典犯罪论体系，绝大多数的学者都已经转向支持目的行为论，至少是接受了目的行为论将故意前置到构成要件阶层的观点。因此，我国从纯粹客观的角度强调结果无价值，也必将面临古典犯罪论体系所面临的批判。目的行为论的弊端也无法克服，尤其是将责任阶层掏空、无法正确处理正当化前提事实认识错误的情况，

---

①③　参见[德]韦尔策尔：《目的行为论导论——刑法理论的新图景》，陈璇译，中国人民大学出版社 2015 年版，第 38 页。

②　同上书，第 39 页。

以目的行为论为依托的一元行为无价值论所面临的困境也不亚于结果无价值论。而以故意双重体系地位为基础的二元行为无价值论虽然不能断定理论的正确性，但是至少给了我们一个新的思考视角，即从体系以及故意的体系定位来重新思考结果无价值与行为无价值论，不再只是站在各自立场上进行循环论证。

三、加速犯罪论体系由入罪向出罪的功能转化

刘艳红教授在《入出罪走向出罪：刑法犯罪概念的功能转换》一文中提出，我国的犯罪概念同时具备入罪和出罪的功能，但是入罪功能相对出罪功能有着较大优势，这就存在着侵犯人权的隐患。①实际上不仅是犯罪概念，犯罪论体系同样是入罪功能大于出罪功能，甚至可以认为，在传统犯罪论体系的观点中，入罪功能才是原则，出罪功能是例外，这也是违法阻却事由在平面犯罪论体系中找不到体系定位的缘由之一。

但是笔者认为在犯罪论体系方面并不能完全借用刘艳红教授的观点。诚然，入罪是犯罪论体系的基本功能，但如果忽视了出罪功能，那刑法就不能作为犯罪人的大宪章了。因为如果忽视了出罪功能就不能真正做到罪刑法定，不能按照法的精神对具备违法阻却或者责任阻却事由的情形进行出罪化。所以笔者认为，目前我国犯罪论体系的基本思想就是入罪，其基本功能也是入罪，但是这种思想及体系功能并不符合罪刑法定原则的要求，不能够保障人权。因为一旦行为造成法益侵害的结果，那么不管是否有违法或者责任阻却事由，按照我国客观决定不法的传统，最后仍然会被认定为犯罪行为，这显然不利于日常生活的交往，也不利于社会的发展。这样一种体系功能及其思想就应当向入出罪转化。

传统的犯罪论体系之所以过分注重入罪，其中一个原因在于社

---

① 参见刘艳红：《入出罪走向出罪：刑法犯罪概念的功能转换》，载《政法论坛》2017 年第 5 期，第 66 页。

会危害性概念。传统观点对于犯罪的定义是违反法律规定，具有一定的社会危害性和刑事违法性，应受刑罚处罚的行为。还有学者认为，社会危害性是其他特征的基础，如社会危害性是刑事违法性的基础。①即使不论社会危害性与刑事违法性的真实逻辑关系，这种观点就体现了实践当中存在先入为主地判断行为人的行为具有刑事违法性的情况。形式上就表现为具备构成要件符合性的行为，就没有阻却刑事违法的理由。这样的观点在理论和实践当中都十分常见。

相比之下，故意双重地位的犯罪论体系就有着得天独厚的优势。出现了犯罪行为和犯罪结果，就可以按照构成要件符合性、违法性和有责性的阶层顺序进行判断。对于符合构成要件的，又没有违法阻却事由和责任阻却事由的行为，当然可以作入罪处理。但是故意双重体系地位还体现了犯罪论体系出罪的趋势，即不法并非只由客观法益侵害来决定，主观也可以决定不法。张明楷教授曾举例“A卡车司机从广东将货物运到北京，B偷偷地将1 000克海洛因塞进货物中，但A根本不知情。在本案中，不能因为A不知情，就否认A的行为客观上符合运输毒品罪的构成要件”。②这种观点认为认定不法，应当抛弃主观要素，仅以客观事实来判定，因为只要从主观到客观，就可能产生刑讯逼供，致使刑讯逼供难以杜绝。③但是这种结果无价值的观点还是基于古典犯罪论体系，将故意排除出构成要件的范畴。构成要件不只有客观构成要件，还有主观构成要件，仅重视客观的不合理性目的行为论已经明确提出了，这样会导致故意杀人和过失致人死亡在构成要件上一致。这里就可以体现故意双重地位的犯罪论体系的优越性，在构成要件阶层就可以考察行为人是否具有构成要件故意，如果没有，就考虑运输毒品罪是否处罚过失，如果不属于处

---

① 参见杨春洗：《刑法总论》，北京大学出版社1981年版，第88页，转引自刘艳红：《入出罪走向出罪：刑法犯罪概念的功能转换》，载《政法论坛》2017年第5期，第68页。

②③ 参见张明楷：《阶层论的司法运用》，载《清华法学》2017年第5期，第26页。

罚过失的话，就根本没必要进入违法性和责任的判断，可以直接对行为人进行出罪。

除此之外，故意双重地位的犯罪论体系在正当化前提事实认识错误的情况下，对出罪展现出的积极态度也是我国目前犯罪论体系所应当学习与肯定的。它既避免了目的行为论体系在正当化前提事实认识错误时，必须要行为人证明其违法性认识无法避免才能够免除责任，加重行为人举证责任的情况。同时，也避免了早期限制责任论的"回旋飞碟"现象，防止出现体系上的矛盾。在肯定构成要件故意成立的情况下，只要具备正当化前提事实认识错误，就直接排除责任故意，达到对行为人进行出罪的目的，从而实现我国宽严相济的刑事政策，也更符合人们的法感情。

第二节 故意双重体系地位对我国司法实践的借鉴意义

一、明确违法性认识在司法实践中的作用

2016年天津市第一中级人民法院审理的"赵春华非法持有、私藏枪支、弹药案"在网上引起热议，在学界也引起了激烈的讨论。网民热议的焦点在于赵春华是否成立犯罪，学界讨论的焦点是赵春华有没有犯罪故意，天津法院以其行为符合构成要件为由直接肯定了行为人的犯罪故意，主观构成要件完全被束之高阁，其判决理由的正当性着实存在可讨论之处。[1]笔者认为，即便考虑两者的争议，也可以用故意双重体系来解决问题，即以违法性认识来纠正司法偏差。

---

① 参见邹兵建:《非法持有枪支罪的司法偏差与立法缺陷——以赵春华案及22个类似案例为样本的分析》，载《政治与法律》2017年第8期，第115页。

(一) 我国违法性认识的现状

关于违法性认识的问题，学界的通说赞同日本学者大塚仁教授提出的将自然犯与法定犯区别对待的观点，即认为自然犯对社会事实的认识已经体现出行为人的反社会性，不以违法性认识为成立犯罪之必要要素，而法定犯则要求行为人必须认识到其行为为法律所禁止。[①]这一观点不仅在日本是通说，在德国司法实践、英国司法实践中都占据主流地位。[②]因为随着时代的发展与社会的进步，法条中仅规定自然犯已经不能满足司法实践和刑事政策的需要。但是随着法定犯法条数量的增加，犯罪论体系或者司法实践当中是否需要违法性认识成了学界20世纪末期争论的焦点。由于当时绝大多数的犯罪属于自然犯，国家又在大力进行普法教育，“不知法”被认为是不可能的事情。因此，当时有学者认为，如果坚持在犯罪认定中考虑违法性认识问题，无异于鼓励广大人民群众不知法。然而，社会存在必定影响社会意识，到20世纪90年代，经济的发展日新月异，刑法存在规定的滞后性，旧刑法已经不能满足时代发展的要求。因此，1997年新《刑法》出台，1997年《刑法》的法条增加到452条，比1979年《刑法》的192条多出了一倍不止。除了原有的自然犯之外，法定犯的比例大幅增多，因此，储槐植教授曾经说，中国已经进入了法定犯的时代，需要我们加以重视。

因此之前清楚的违法性认识问题现在又变得复杂起来，如果说在自然犯时代，任何一个被判决有罪的犯罪分子都能够“推定知法”的话，法定犯时代的到来宣告了这一神话的破产。[③]刑法典不断修正，到现在为止已经出台了十一部刑法修正案，两高的司法解释更是数不胜数。在这样一种前提下，社会上产生更多的“法盲”也就不奇怪了。这就好

---

① 参见[日]松原芳博:《刑法总论重要问题》，王昭武译，中国政法大学出版社2014年版，第198—199页。

② 参见谢望原:《论拒不履行信息网络安全管理义务罪》，载《中国法学》2017年第2期，第249页。

③ 参见车浩:《法定犯时代的违法性认识错误》，载《清华法学》2015年第4期，第26页。

比一个物理学的博士不懂化学系的实验操作规程一样，并不会导致对该物理学家学术评价的降低。如果一个人不可能认识到刑法规范，而从事了刑法禁止的活动，那么对该行为人进行谴责的正当性就是存在疑问的。尤其是在网络媒体如此发达的今天，媒体和舆论对司法公正的关注度空前高涨，任何一个违背普通民众法感情的判决都会让普通民众对正义产生怀疑。而在司法实践中，因为违法性认识也确实产生了若干难题①，导致普通民众错认为判决结果非正义。以“赵春华非法持有、私藏枪支、弹药案”②为例，虽然本案已审理终结，但案件的判决依据却值得深思。

> 本案一审法院认为：被告人赵春华自2016年8月起，在天津市河北区摆设射击摊位进行营利活动。2016年10月12日，公安机关在巡查期间发现赵春华非法持有枪支的行为，经天津市公安局证物鉴定中心鉴定，9支涉案枪支中，有6支是符合国家关于枪支规定的以压缩气体为动力的枪支。一审法院认为本案事实清楚，证据确实充分。依据《中华人民共和国刑法》第一百二十八条第一款及《最高人民法院关于审理非法制造、买卖、运输枪支、弹药、爆炸物等刑事案件具体应用法律若干问题的解释》第五条第二款第(二)项之规定，以非法持有枪支罪，判处被告人赵春华有期徒刑三年六个月。③

一审宣判后，原审被告人赵春华提出上诉，辩护人所提出的辩护意见④可以概括为四点：其一，证据提取存在瑕疵，不能作为定案证据（辩

① 违法性认识错误引起的争议案件非常多，如“陆勇案”“非遗传承人获刑案”等，这类案件的特点是普通民众的法感情不认可这类行为构成犯罪，而以违法性认识作为抗辩事由却又不被采纳。

② 天津市第一中级人民法院(2017)津01刑终41号刑事判决书。

③ 天津市河北区人民法院(2016)津0105刑初442号刑事判决书。

④ 辩护人提出以下五点意见：1.涉案枪形物的提取、包装和送检过程违反公安部《法庭科学枪支物证的提取、包装和送检规则》的规定，侦查人员未对查获的枪形物现场进行编号；随手抓取枪形物，破坏了物证表面痕迹，使物证遭到污染；未按规定封装并填写标签；没有证据证明涉案枪形物的保管过程，无法确定是否与其他枪支混同。因此，涉案枪形物不能确定是从赵春华处查获的，依法不能作为定案证据。2.公安部制（转下页）

护人意见 1 和 3);其二,公安部门鉴定依据不合法,不能作为法律依据;其三,赵春华不知道自己所持的玩具枪为枪支,不具有犯罪故意;其四,赵春华的行为不具有社会危害性。对此,天津市第一中级人民法院对辩护人的意见作出了评判。

> 1. 物证表面虽然遭到污染,也未按规定封装并填写标签,但在案件侦查过程中,对查扣过程进行了同步录像,赵春华被带到派出所后,也对涉案枪支予以了确认,因此,辩护人所主张的检材提取、包装和送检过程违法,不能确定与赵春华关联也不予采纳;2. 虽然《枪支管理法》规定的标准是"足以致人死亡或者丧失知觉",但本院认为,《枪支管理法》一来并未对具体标准做量化规定,二来《枪支管理法》第四条规定了"国务院公安部门主管全国的枪支管理工作",因此,《公安机关涉案枪支弹药性能鉴定工作规定》(下文称《工作规定》)和《枪支致伤力的法庭科学鉴定判据》(下文称《鉴定判据》)均可以适用;3. 二审法院认为,涉案枪支外形与制式枪支相似度极高,且以压缩气体为动力,具有一定的致伤的能力。而且,这些枪支不能通过正常途径购买,因此,应当认定赵春华具备犯罪故意;4. 枪支本身就具有社会危害性,非法持有枪支因此也是具有社会危害性的。①

对于证据提取过程是否存在瑕疵,不属于本书讨论的范畴,但是对于后面三点,尤其是第二点和第三点,则存在讨论的必要。

无论采取何种犯罪论体系,犯罪故意都是要么成立,要么不成立。

(接上页)定的《枪支致伤力的法庭科学鉴定判据》所依据的试验及理由不科学、不合理,该"判据"确定的枪支认定标准不合法,且属内部文件,不能作为裁判的法律依据。鉴于目前没有法律、法规、规章对枪支作出定义或解释,只能根据《中华人民共和国枪支管理法》(以下简称《枪支管理法》)的规定,以"足以致人伤亡或者丧失知觉"作为认定标准。3.在案《枪支鉴定书》因检材的提取、包装和送检过程违法,不能确定与赵春华的关联;鉴定所依据的《枪支性能的检验方法》未经公开,属尚未公布的规定;出具鉴定书的鉴定机构只有枪弹痕迹鉴定资质,并无枪支鉴定资质。鉴定书不能作为定案证据。4.赵春华始终认为自己持有的是玩具枪而非真枪,其对行为对象存在认识错误,不具备非法持有枪支犯罪的主观故意。5.赵春华的行为不具有任何社会危害性。

① 天津市第一中级人民法院(2017)津 01 刑终 41 号刑事判决书。

传统观点认为违法性认识可能会阻却犯罪故意的成立。本案中，行为人显然缺乏违法性认识。《枪支管理法》对枪支的认定标准符合一个正常人的基本常识，即“足以致人死亡或者丧失知觉”，因此，像湖南“6·08”特大网络制造贩卖枪支案、江苏特大网络贩枪案，不存在枪支的认定标准过高的说法，而是认为公安机关的行动维护了社会的长治久安。公安部2008年发布的《鉴定判据》规定的枪口比动能是1.8焦耳/平方厘米，且不论1.8焦耳/平方厘米对一般人来说是一个什么概念，这个标准是否过于严苛也不属于本书讨论的范畴，本文关注的是这种标准是否有可能被一般人认识到。法院依据《枪支管理法》第4条的规定，认可了《工作规定》和《鉴定判据》具有法律效力，但是并没有否认辩护人所指出的《工作规定》和《鉴定判据》只是内部文件。也就是说，《工作规定》和《鉴定判据》都是一般人所无法掌握、无从知晓的法。本案中，被告人赵春华显然不具有认识到自己的行为是被法律所禁止的可能。也就是说，赵春华不具备违法性认识。那么要进一步考虑的是违法性认识是否必要呢？或者说，违法性认识的缺失是否能够阻却犯罪故意？

在我国司法实践中，不论行为人是否存在违法性认识，都基本上肯定了行为人能够成立故意犯罪。也就是说，司法实践中一律否定了违法性认识存在的必要性。之所以产生这种现象，有学者认为，主要基于以下三点理由。

第一，否定违法性认识是基于我国《刑法》第14条的规定。我国《刑法》第14条第1款对故意犯罪的规定非常明确，即“明知自己的行为会发生危害社会的结果，并且希望或者放任这种结果的发生，因而构成犯罪的，是故意犯罪”。本条并没有规定犯罪故意需要具有违法性认识，因而违法性认识不是必要要素，抛开刑法的规定额外限定违法性认识，违背了罪刑法定原则。

第二，我国刑法既然已经规定了对社会危害性的认识，就没有必要再要求对违法性有认识，否则会提高犯罪成立的标准，不利于打击犯罪。

第三，违法性认识在司法实践中难以认定，容易成为不法分子逃避刑事制裁的借口，因此，没有必要浪费司法资源。[①]司法实践当中，违法性认识是否存在是行为人的主观问题，对行为人的主观认定存在取证困难、经常与口供相冲突等问题，增加了办案人员的举证难度。

（二）违法性认识之于犯罪成立的应然进路

首先，违法性认识不要说应当摒弃。前文中所罗列的关于违法性认识不要说的观点都不能成立，原因如下。

第一，我国《刑法》第 14 条规定的是故意犯罪，而非犯罪故意。[②]刑法并没有专门对犯罪故意作出规定。究其原因，笔者认为与德国刑法学家所总结的一样，经济和社会的发展日新月异，犯罪故意作为一个主观的要素，必定随着时代的变化而不断发展，如果将犯罪故意的概念死死地限定在法条里，则不利于刑法典的发展和对犯罪故意的进一步解释。即使刑法没有规定违法性认识，也可以在司法实践中对违法性认识提出要求。因为根据罪刑法定原则，允许对被告人有利的类推解释。《刑法》第 14 条对故意犯罪的成立要求对结果的社会危害性有认识，在缺乏具体的法条规定的情况下，应当肯定违法性认识的类推解释。

第二，对社会危害性认识和违法性认识是两个层面的内容，不能混为一谈。社会危害性既是事实的判断，也是价值的判断，判断的标准是社会共同生活所形成的规范和客观事实。而违法性认识只是价值判断，只是对行为和结果违反整体法秩序的认识。与社会危害性是两个有交叉，但不重合的集合。如果以社会危害性存在为理由，否定违法性认识的存在，则是以偏概全的做法。更有学者指出，社会危害性不是法律的规范要素，用社会危害性反而更容易导致非法出入罪，应当用违法

① 参见陈磊：《违法性认识理论的疑义与辨析》，载刘明祥、张天虹主编：《故意与错误论研究》，北京大学出版社 2016 年版，第 358 页。

② 参见蔡桂生：《论故意在犯罪论体系中的双层定位——兼论消极的构成要件要素》，载《环球法律评论》2013 年第 6 期，第 71 页。

性认识代替社会危害性。①

第三，是否要求违法性认识是价值层面的问题，至于在司法实践中的认定难易程度则是证据的问题。②陈兴良教授曾说，两者为不同层面上的问题，是否肯定违法性认识是价值层面的问题，而是否能够认定违法性认识，是存在论的问题。以证明违法性认识的困难来否定违法性认识的存在，这样的理由不能成立。

我国亦有学者支持违法性认识必要说，认为不存在违法性认识至少能够阻却责任故意。③因为"对一些故意犯罪来说，成立某一犯罪，行为人需要具有违法性认识，亦即行为人需要对其行为性质及其必然或者可能引起的危害结果有认识。在违法性方面发生法律认识错误时，可以排除行为人之行为的犯罪性"。④比如《刑法》第 286 条之一拒不履行信息网络安全管理义务罪，如果网络服务提供者在咨询法学教授之后得知，其提供的服务用于保护宪法所保护的言论自由，那么其拒绝清除这些信息内容的，应当以违法性认识错误来处理，即否定其具有违法性认识，从而否定其犯罪故意，进而排除出犯罪的范畴。⑤这种观点显然更能适应普通民众的法感情，更加契合刑法的谦抑性和我国宽严相济的刑事政策，而且更加符合罪刑法定主义原则的精神。

第四，违法性认识应当独立存在于责任阶层，而不应当作为责任故意的组成部分。笔者也赞同违法性认识必要说，但是却认为违法性认识不应当属于故意的范畴，也就是说违法性认识不能阻却故意，主要基于以下两点理由。

从教义学发展史的角度来说，违法性认识已经被证明可以独立存在。按照古典犯罪论体系的观点，责任阶层包含所有的主观要素，违法

① 参见田宏杰:《违法性认识研究》，中国政法大学出版社 1998 年版，第 44 页。

② 参见陈磊:《违法性认识理论的疑义与辨析》，载刘明祥、张天虹主编:《故意与错误论研究》，北京大学出版社 2016 年版，第 358 页。

③ 参见谢望原:《论拒不履行信息网络安全管理义务罪》，载《中国法学》2017 年第 2 期，第 248 页。

④ 同上文，第 249 页。

⑤ 同上文，第 250 页。

性认识作为故意的一部分从属于责任阶层，这个时候的违法性认识还不具有独立存在的意义，违法性认识的缺失可以否定故意。但随着古典犯罪论体系逐渐落伍，目的行为论体系把故意前置到构成要件阶层，把违法性认识独立放置于责任阶层。目的行为论体系的这次变革引起了学界关于违法性认识是故意说还是责任说的重大争论，但是学界最终接受了目的行为论体系的观点，承认违法性认识并不是必须依靠故意才能够存在，违法性认识完全可以脱离故意而独立存在于责任阶层。按照故意双重体系地位的观点，故意应当分为构成要件故意和责任故意，但是违法性认识不再属于故意的一部分。

将违法性认识独立于责任故意具有逻辑上的自洽性。即便按照古典犯罪论体系的观点，体系阶层被分为构成要件符合性、违法性和有责性三个阶层，作为主观要素的集合的责任阶层，一方面包含了行为人与构成要件之间的心理联系，即故意，另一方面又包含了行为人与违法性之间的心理联系，即违法性认识。因为构成要件阶层与违法性阶层是两个不同的阶层，那么在责任阶层当中对两个体系阶层的映射也应当是两个不同的心理要素，不能一边肯定构成要件与违法性阶层的区分，一边又将两者在心理上的映射归为一个集合体。

所以，违法性认识与故意是两个具有递进关系的要素，而非具有包含关系的要素。违法性认识的缺失不具有排除故意的功能，既不能排除构成要件故意，也不能排除责任故意。但是违法性认识在独立于故意的同时，却没有脱离责任的范畴。这就意味着，违法性认识的缺失，或者产生违法性认识错误，仍然可以阻却责任。因此，像赵春华一案，确实可以认定赵春华不存在事实认识错误，不能否定其犯罪故意的成立，但是因为其不具有违法性认识，因而应当排除其责任。

其实结论并不仅在于违法性认识或者故意需要在司法实践中纠正偏差，最主要的问题还是司法实践中存在客观方面决定不法，以具备构成要件符合性来排斥行为人具有违法性阻却事由或者责任阻却事由的判断。双重的故意体系地位要求司法机关能够在实践中，做到对行为人构成要件故意和责任故意分开判断，不以符合构成要件为由而排斥违法性阻却。①

二、重构错误论的适用效果

法作为社会意识，一定是特定社会存在的反映。随着时代的发展，法滞后性的特点开始凸显。为了弥补法的滞后性，司法实践中又会出现立法解释、司法解释、其他相关法律法规及规范性文件等。以非法持有枪支罪为例，就存在《关于审理非法制造、买卖、运输枪支、弹药、爆炸物等刑事案件具体应用法律若干问题的解释》《中华人民共和国枪支管理法》《公安机关涉案枪支弹药性能鉴定工作规定》等法律法规和规范性文件。所以车浩教授曾表示“法定犯时代的到来，使违法性认识错误问题呈现前所未有的复杂性”。②除了法的滞后性，法域交叉也给司法带来了巨大的难题。部门法之间立法不协调的情况无法避免，在这种情况下，更应当明确不同类型的认识错误的法律效果。

在赵春华的案件中，有学者认为，可以以事实认识错误为由，否定赵春华存在犯罪故意，从而对赵春华作出无罪判决。③然而，笔者认为这种观点不具有可采性，会造成认识错误的法律效果混乱。应当以违法性认识错误来阻却赵春华的责任，正确的做法是坚持故意双重体系地位，肯定赵春华的犯罪故意，但是否定其违法性认识，从而达到出罪的目的。

学界否定赵春华具有非法持有枪支故意的理由，在于赵春华不了解公安部的标准，但赵春华案的案发经过及审判理由经媒体的宣传，很难在下一个案件中再以同样的理由否定行为人的犯罪故意④或者违法性认识。也就是说，即使司法机关能够坚持司法公正，但仍然不能避免

① 参见张明楷：《阶层论的司法运用》，载《清华法学》2017 年第 5 期，第 30 页。

② 参见车浩：《法定犯时代的违法性认识错误》，载《清华法学》2015 年第 4 期，第 23 页。

③④ 参见邹兵建：《非法持有枪支罪的司法偏差与立法缺陷——以赵春华案及 22 个类似案例为样本的分析》，载《政治与法律》2017 年第 8 期，第 125 页。

类似赵春华案的情况发生。因此,像非法持有、私藏枪支、弹药罪的立法是存在缺陷的。司法实践对违法性认识的冷淡态度,并不要求我们在立法存在缺陷的情况下,提出一个能够被司法者接受的方案,而是反思如何弥补这部分的立法缺失。因为不应当是在案发之后再用犯罪论体系的方式去为行为人寻找出罪的理由,而是应当让行为人从一开始就能够预料到自己行为的法律后果,从而可以肯定或者否认其构成要件故意。

违法性认识错误之所以争论不休又难以解决,主要是因为"它集中体现了刑法的价值追求和现实需求之间的紧张关系"①。但是国内也有一些学者,在抛开故意体系地位的根源及其双重定位的情况下,对违法性认识的概念及其体系归属进行了新的解读。②故意双重体系定位可以帮助厘清认识错误的概念,并明晰其法律后果。

按照韦尔策尔的观点,事实认识错误的表述本身就是错误的,因为事实应当包含主观事实,比如,行为人不以非法占有的目的拿走他人财物的,虽然不属于事实认识错误,但是其不符合构成要件,因为不满足盗窃罪的主客观构成要件。③然而这种观点依然是站在目的论的犯罪论体系是正确的立场上,对古典犯罪论体系中错误论的批判。在德国刑法理论百家争鸣的时候,对外广泛传播的学说争议、各种对立观点之间的关系自然是不清晰明朗的。这也难怪我国学界和实务界经常将事实错误和法律错误的概念,与构成要件认识错误和违法性认识错误相混淆。例如,在王永顺故意伤害案中,就多次使用事实认识错误的概念。④这种概念的使用,在当前刑法学主流观点认为故意属于构成要件阶层的背景下其实也很难说是错误的。因为现在的事实就包括构成要

---

① 田宏杰:《走向现代刑法:违法性认识的规范展开》,载《政法论坛》2021 年第 1 期,第 68 页。

② 参见王俊:《法定犯时代下违法性认识的立场转换》,载《现代法学》2020 年第 6 期,第 180 页。

③ [德]韦尔策尔:《目的行为论导论——刑法理论的新图景》,陈璇译,中国人民大学出版社 2015 年版,第 87 页。

④ 参见湖南省高级人民法院(2019)湘刑终 280 号刑事判决书。

件故意，和构成要件认识错误其实是一致的。但是，两者的区别必须予以厘清。

有学者认为，事实错误和法律错误同构成要件错误和违法性认识错误的概念完全不同，要区分开来。①这种观点也有其正确性，事实认识错误与法律认识错误的区分其实只应当存在于古典犯罪论体系。因为在古典犯罪论体系中，故意不区分构成要件故意和责任故意，故意就是指对犯罪的认识。但是对犯罪的认识也不能停留在这一粗略的概括当中。所以在违法性认识作为故意的一部分的前提下，将故意一分为二，一部分是对事实有认识，另一部分则是对法律有认识，因此才可以有事实认识错误和违法性认识错误的区分。但是当故意作为构成要件阶层要素时，故意就是对构成要件阶层的要素的认识，这时再以事实认识错误进行概括就会产生以偏概全的弊端。比如，作为事实认识错误，既包含对构成要件的认识错误，也包含对属于正当化事由的认识错误。②后者因为属于违法性阶层，该错误就不可能属于构成要件认识错误，而只能属于违法性认识错误。因此，只有故意的双重体系定位才能明确违法性认识的阶层归属的变化及其所影响的法律术语的变化，进而才能阐释违法性认识错误为什么应当被接纳，又是如何被接纳的。③

故意的体系地位首先是一个体系问题，然后才是要素的定位问题。如果不首先进行犯罪论体系的考察，不比较各犯罪论体系的优劣，恐怕不只是故意，任何体系要素都没有讨论阶层归属的必要了。

古典犯罪论体系和目的行为论体系都考虑了一定的思想基础，其所固执坚持的事实与价值的分离与当时的哲学思想密不可分，并且在此基础上又坚持了因果行为论的主张。主客观相分离、事实与价值判断相分离是古典犯罪论体系执意要把故意放到责任阶层的原因。故意

---

①② 参见[德]韦尔策尔：《目的行为论导论——刑法理论的新图景》，陈璇译，中国人民大学出版社 2015 年版，第 87 页。

③ 参见李兰英、傅以：《网络金融犯罪中违法性认识错误可避免的司法判断》，载《南京大学学报(哲学·人文科学·社会科学)》2021 年第 5 期，第 82 页。

作为责任的形式，又是责任的等级区分标准，其合理性不仅来自体系上的正当性，更来自实体法的规定。但古典犯罪论体系在故意的问题上面临着无法解决的难题，尤其是未遂故意与既遂故意的体系定位矛盾难以调和，这一问题也成为压垮强调体系逻辑自洽性的古典犯罪论体系的最后一根稻草。

目的行为论体系以本体论和目的行为论为基础，在韦尔策尔多篇“檄文”中提出了古典犯罪论体系的诸多弊病。比如，认为从实体法中也不能推出故意就是责任的固定类型，古典犯罪论体系也没办法解释为什么纯粹客观的违法阻却事由中存在主观的违法阻却事由等。韦尔策尔认为，故意只应当作为责任的判断对象，存在于阶层之前，而不能作为责任阶层的要素。但是目的行为论中存在的问题更突出，不论是作为其理论基础的本体论思想，还是目的行为论概念，都存在着重大的问题，其掏空责任阶层，在错误论问题上得出的结论不合理，都成为学界争相讨伐目的行为论体系的突破口。

在两个犯罪论体系的基础上产生的新古典暨目的论综合的犯罪论体系无疑具有更高的优越性。故意从属于一个阶层并不排斥其也从属于另外一个阶层，只有存在构成要件故意，才能够实现构成要件的功能，才能够区分不法的严重程度，才能够解释未遂故意的存在，也才能证实主观违法阻却事由存在的体系合理性，而故意也必须是责任的要素，因为这样才能体现为什么故意犯罪比过失犯罪具有更高程度的可谴责性，并且在错误论的问题上能够得出更合理的结论。

故意双重体系地位对我国的理论与司法实践有着重要的意义，在理论上，其不仅提供给我们一种阶层性、多元性的思考，更能为我国目前的相关学术争论提供一种新的考察视角，因为故意的体系地位是很多理论争议的源头，如果不考察清楚故意的体系定位问题，那么很多争论其实都是站在各自立场上的循环论证。不仅如此，故意双重体系地位还能够帮助实现我国犯罪论体系由入罪向出罪的转向，实现国家宽严相济的刑事政策的实施目的。在司法实践当中，故意双重体系地位在帮助解决部分罪名的立法缺陷和司法偏差上也有助益。虽然在解决司法偏差的问题上是以违法性认识为出发点，但是违法性认识与故意有着千丝万缕的联系，只有通过故意双重体系地位为违法性认识解决体系定位问题，才能够以司法来解决立法扩大化的偏差问题。

结　语

故意的体系定位不单纯是故意的归属问题，故意的体系定位及其变更影响着整个犯罪论体系的结构与功能，也决定着其他要素的有无（如违法性认识和违法性认识可能性）、案件处理结论的正当性与否（如正当化前提事实认识错误），更涉及刑法哲学的变迁（如从古典犯罪论体系的实证主义到目的行为论的思维心理学①）。对我国来说，故意双重体系地位的证立可以厘清相关概念和理论争议，并在此基础上明确其法律效果。

首先，故意双重体系地位对我国故意本身的认知有着深化作用。我国司法实践和刑法理论对《刑法》第 14 条的理解并不统一。②既有观点认为第 14 条是一元化的故意，不包含意欲的要素，并据此认为我国刑法理论与德日刑法理论相悖，也就不具有引进三阶层犯罪论体系的必要；③也有观点认为，第 14 条是一种实质的故意概念，已经包含了非难可能性，也只有包含非难可能性才能成为责任的要素，即该故意是类

---

① Vgl. Welzel, Das neue Bild des Strafrechtssystems, 4. Aufl., Göttingen: Schwartz, 1961, S.1.

② 参见江溯：《论犯罪故意在三阶层体系中的地位》，载《法学论坛》2022 年第 1 期，第 64 页。

③ 参见彭文华：《德、日犯罪构成体系与我国刑法规范的内在冲突》，载《法学》2010 年第 5 期，第 18 页。

似古典犯罪论体系层面上的故意，还没有构成要件故意和罪责故意区分的意识；①还有观点则认为，第 14 条只是对故意犯罪的规定，并不等于犯罪故意，而且持该观点的学者认为，“目的论体系下的意志因素即违法性认识，责任故意是关于违法性的事实和违法性的意识”。②在这三种观点中，既有期待刑法理论独具“中国特色”但止步于旧的理论，也有坚持以事实为基础区分阶层体系，从而主张过气的古典或者目的论的犯罪论体系。而故意双重体系地位的证立和内涵的解读，已经推导出，故意既可以从属于构成要件阶层，也可以从属于责任阶层。主观既可以是不法，也可以是责任。犯罪论阶层的划分不是单独以事实为基础进行的，而是事实与价值、本体与规范的统一。同时，故意分属于构成要件阶层和责任阶层，还有助于实现“犯罪的成立范围与处罚范围的分离”。③随着《刑法修正案（十一）》的出台，犯罪圈扩大的立法倾向表现得较为明显，一个明确的法条一定能清晰地表达出构成要件的成立要件。作为具有故意规制机能的构成要件，理应具备厘清是否成立犯罪、成立故意还是过失犯罪的犯罪成立范围的功能。但大量法定犯的出现，导致其可罚性的大小并不能通过构成要件故意阐述清楚。而责任故意和从故意中独立出来的违法性认识则可以说明行为的可罚性，为什么违法并不必然受到刑事处罚，或者是相同的构成要件不法，却可以判处不同的刑罚，责任故意正可以为处罚范围说明理由。

其次，故意双重体系地位的证立过程可以厘清理论争议的源头，为理论发展提供新的视角。以行为无价值和结果无价值的对立为例，有学者认为，两者的对立首先在于国家观的不同，国家采取何种立场又决定了行为无价值或结果无价值的取向。④但笔者并不赞同这种观点，虽

---

①② 参见蔡桂生：《论故意在犯罪论体系中的双层定位——兼论消极的构成要件要素》，载《环球法律评论》2013 年第 6 期，第 71 页。

③ 张明楷：《犯罪的成立范围与处罚范围的分离》，载《东方法学》2022 年第 4 期，第 75 页。

④ 参见周光权：《行为无价值与结果无价值的关系》，载《政治与法律》2015 年第 1 期，第 12 页。

然行为无价值和结果无价值的取舍会反映出国家意志，但是那也只是附随效果。故意体系地位变更的原因更多地在于行为理论的发展和犯罪论体系本身的逻辑自洽性。犯罪论体系不仅是对法律的运用，而且还要具备对法律运用的制约作用。故意由责任阶层转移到构成要件阶层，再到责任阶层也存在责任故意，产生的包括罪刑法定主义的外延、形式违法性与实质违法性的对立、违法性认识的存否及其运用问题，在整个犯罪论体系上要一以贯之，不能以舆论诉求作为教义学导向，通过局部教义学说理和修改达到入罪和出罪的目的。比如，同时坚持客观的罪刑法定主义原则和行为无价值论就是自我观点的否定，因为客观罪刑法定主义原则是将故意排除出构成要件范围的。故意双重体系定位的证立也证明了主客观都只是不法评价的资料，而不是评价的全部，仅强调事实侧面，忽略了规范和价值侧面必然导致理论理解的片面性。

最后，故意双重体系地位能够明确认识错误的概念及其法律效果。违法性认识错误之所以争论不休又难以解决，主要是因为“它集中体现了刑法的价值追求和现实需求之间的紧张关系”①。但是国内也有一些观点，在抛开故意体系地位的根源及其双重定位的情况下，对违法性认识的概念及其体系归属进行了新的解读，如认为在法定犯时代下，故意说应当重回通说的地位。②但这种观点要么导致构成要件的违法性推定机能的失效，要么导致故意说的主张和违法性认识的定位存在体系张裂的问题。故意双重体系地位可以帮助厘清认识错误的概念，并明晰其法律后果。

按照韦尔策尔的观点，事实认识错误的表述本身就是错误的，因为事实应当包含主观事实，比如，行为人不以非法占有的目的拿走他人财物的，虽然不属于事实认识错误，但是其在构成要件上是错误的，因为

---

① 田宏杰：《走向现代刑法：违法性认识的规范展开》，载《政法论坛》2021 年第 1 期，第 68 页。

② 参见王俊：《法定犯时代下违法性认识的立场转换》，载《现代法学》2020 年第 6 期，第 180 页。

不满足盗窃罪的主客观构成要件。①然而这种观点依然是站在目的论的犯罪论体系是正确的立场上，对古典犯罪论体系中错误论的批判。在德国刑法理论各异的时候对外广泛传播的学说争议、各种对立观点之间的关系自然是不清晰明朗的。这也难怪我国学界和实务界经常将事实错误和法律错误的概念与构成要件认识错误和违法性认识错误相混淆。例如，王永顺故意伤害案中，就多次使用事实认识错误的概念。②这种概念的使用，在当前刑法学主流观点认为故意属于构成要件阶层的背景下其实也很难说是错误的。因为现在的事实就包括构成要件故意，和构成要件认识错误其实是一致的。但是，两者的区别必须予以厘清。

有学者认为，事实错误和法律错误同构成要件错误和违法性认识错误的概念完全不同，要区分开来。③笔者认为，这种观点也是正确的，事实认识错误与法律认识错误的区分其实只应当存在于古典犯罪论体系。因为在古典犯罪论体系中，故意不区分构成要件故意和责任故意，故意就是指的对犯罪的认识。但是对犯罪的认识也不能停留在这一粗略的概括当中，所以在违法性认识作为故意的一部分的前提下，将故意一分为二，一部分是对事实有认识，另一部分则是对法律有认识，因此才可以有事实认识错误和违法性认识错误的区分。但是，当故意作为构成要件阶层要素时，故意就是对构成要件阶层的要素的认识，这时再以事实认识错误进行概括就会导致以偏概全。比如，作为事实认识错误，既包含对构成要件的认识错误，也包含对属于正当化事由的认识错误。④后者因为属于违法性阶层，该错误就不可能属于构成要件认识错误，而只能属于违法性认识错误。概念的混用其实是抛开了体系的变化，从文意上对术语进行运用和对立。因此，只有故意的双重体系定位才能明确违法性认识的阶层归属的变化及其所影响的法律术语的变

①③④ 参见[德]韦尔策尔：《目的行为论导论——刑法理论的新图景》，陈璇译，中国人民大学出版社2015年版，第87页。

② 参见湖南省高级人民法院(2019)湘刑终280号刑事判决书。

化。进而才能阐释违法性认识错误为什么应当被接纳，又是如何被接纳的。[①]本书通过对犯罪论体系的哲学基础、行为理论及体系本身的变化，对故意体系地位变迁的原因与部分结果作了一定程度的梳理。但故意体系地位问题非常复杂，本书也仅是管中窥豹，惟请学界自洒潘江，各倾陆海云尔。

---

① 参见李兰英、傅以：《网络金融犯罪中违法性认识错误可避免的司法判断》，载《南京大学学报(哲学·人文科学·社会科学)》2021年第5期，第82页。

主要参考文献

一、学 术 专 著

（一）中文类

1. 蔡桂生：《构成要件论》，中国人民大学出版社 2015 年版。

2. 陈兴良：《本体刑法学》，商务印书馆 2001 年版。

3. 陈兴良：《规范刑法学》，中国政法大学出版社 2003 年版。

4. 高铭暄、马克昌主编：《刑法学》，北京大学出版社、高等教育出版社 1999 年版。

5. 高铭暄、王作富：《新中国刑法的理论与实践》，河北人民出版社 1988 年版。

6. 吴玉梅：《德国刑法中的客观归责研究》，中国人民公安大学出版社 2007 年版。

7. 冯军：《刑法的规范理解》，北京大学出版社 2009 年版。

8. 丁胜明：《正当化事由的事实前提错误——基于故意论系统思考的研究》，法律出版社 2013 年版。

9. 刘明祥、张天虹主编：《故意与错误论研究》，北京大学出版社 2016 年版。

10. 许玉秀：《主观与客观之间——主观理论与客观归责》，法律出版社 2008 年版。

11. 黎宏:《日本刑法精义》,法律出版社 2008 年版。

12. 黎宏:《刑法学》,法律出版社 2012 年版。

13. 陈家林:《外国刑法:基础理论与研究动向》,华中科技大学出版社 2013 年版。

14. 彭文华:《犯罪构成本原论及其本土化研究——立足于文化视角所展开的比较与诠释》,中国人民大学出版社 2010 年版。

15. 杨兴培:《反思与批判——中国刑法的理论与实践》,北京大学出版社 2013 年版。

16. 林亚刚:《刑法教义学》,北京大学出版社 2014 年版。

17. 许玉秀:《当代刑法思潮》,中国民主法制出版社 2005 年版。

18. 张明楷:《外国刑法纲要》,清华大学出版社 2007 年版。

19. 张明楷:《刑法的基本立场》,中国法制出版社 2002 年版。

20. 张明楷:《刑法学》,法律出版社 2011 年版。

21. 周光权:《犯罪论体系的改造》,中国法制出版社 2009 年版。

22. 许玉秀、陈志辉合编:《不移不惑献身法与正义——许乃曼刑事法论文选辑》,新学林出版股份有限公司 2006 年版。

23. [日]山口厚:《刑法总论》,付立庆译,中国人民大学出版社 2011 年版。

24. [日]西田典之:《日本刑法各论》,刘明祥、王昭武译,武汉大学出版社 2005 年版。

25. [德]李斯特:《德国刑法教科书》,徐久生译,法律出版社 2006 年版。

26. [德]罗克辛:《德国刑法总论》(第 1 卷),王世洲译,法律出版社 2003 年版。

27. [德]普珀:《法律思维小课堂》,蔡圣伟译,北京大学出版社 2011 年版。

28. [德]韦塞尔斯:《德国刑法总论》,李昌珂译,法律出版社

2008 年版。

29. [德]乌尔斯·金德霍伊泽尔:《刑法总论教科书》(六),蔡桂生译,北京大学出版社 2015 年版。

30. [德]冈特·施特拉腾韦特:《刑法总论 I——犯罪论》,杨萌译,法律出版社 2006 年版。

31. [德]贝林:《构成要件理论》,王安异译,中国人民公安大学出版社 2006 年版。

32. [德]埃里克·希尔根多夫:《德国刑法学:从传统到现代》,江溯等译,北京大学出版社 2015 年版。

33. [德]罗克辛:《刑事政策与刑法体系》,蔡桂生译,中国人民大学出版社 2011 年版。

34. [德]韦尔策尔:《目的行为论导论——刑法理论的新图景》,陈璇译,中国人民大学出版社 2015 年版。

(二) 德文类

1. Welzel. Naturalismus und Wertphilosophie—Untersuchungen über die ideologischen Grundlage der Strafrechtswissenschaft. Mannheim u. a.: Deut. Druck-u. Verl., 1935.

2. Baumann/Weber, Strafrecht Allgemeiner Teil, 10. Aufl., Bielefeld: Gieseking, 1995.

3. Beling, Deutsches Reichsstrafprozessrecht mit Einfluss des Strafgerichtsverfassungsrechts. Berlin: De Gruyter, 1928.

4. Beling, Die Lehre vom Tatbestand, Tübingen: Mohr, 1930.

5. Beling, Methodik der Gesetzgebung, insbesondere der Strafgesetzgebung, 1922.

6. Beling, Rechtswissenschaft und Rechtsphilosophie, in: Sozialphilosophische Vorträge und Abhandlungen, herausgegeben von Ernst Beling, Moritz Geiger und Adolf Weber, Ausburg: Filser Verlag, 1923.

7. Beling, Unschuld, Schuld und Schuldstufen, Hamburg: Meiner

Verlag, 1910.

8. Beling, Vom Positivismus zum Naturrecht und zurück. In: Festgabe für Phillipp Heck, Max Rümelin, Arthur Benno Schmidt. Tübingen: Mohr, 1931.

9. Berner, Lehrbuch des Deutschen Strafrechtes, Leipzig: Tauchnitz, 1857.

10. Bockelmann, Über das verhältnis von täterschaft und teilnahme, Göttingen: Karl Friedrich Fleischer, 1949.

11. Bruns, Kritik der Lehre vom Tatbestand, Bonn: Roehscheid Verlag, 1932.

12. Schönke/Schröder/Lencker, StGB Kommentar, 24. Aufl., München: C. H. Beck, 1991.

13. Feuerbach, Lehrbuch des gemeinen in Deutschland gültigen peinlichen Rechts, 14. Aufl., Giessen: Heyer Verlag, 1923.

14. Dannert, Die finale Handlungslehre Welzels im Spiegel der italinischen Strafrechtsdogmatik, Göttingen: Otto Schwartz, 1963.

15. Binding, Die normen und ihre übertretung: bd. Der irrtum. Leipzig: F. Meiner, 1918.

16. Niese, Finalität, Vorsatz und Fahrlässigkeit, Tübingen: J. C. B. Mohr Verlag, 1951.

17. Hegler, Festgabe für Reinhard von Frank zum 70. Geburtstag, Tübingen: Mohr, 1930.

18. Diel, Das Regreßverbot als allgemeine Tatbestandsgrenze im Strafrecht, Frankfurt, Berlin u. a.: Peterlang Verlag, 1997.

19. Roxin, Strafrecht Allgemeiner Teil II, 4. Aufl., München: C. H. Beck, 2006.

20. Freudenthal, Schuld und Vorwurf im geltenden Strafrecht, zugleich ein Beitrag zur Kritik des Entwurfes zu einem deutschen

Strafgesetzbuch von 1919，Tübingen：Mohr，1922.

21. Gallas，zur Struktur des strafrechtlichen Unrechtsbegriffs，in：Festschrift für Bockelmann，München：C. H. Beck，1979.

22. Galliner，Die Bedeutung des Erfolges bei den Schuldformen des geltenden Strafgesetzbuchs：unter besonderer Berücksichtigung des Vorentwurfs zu einem deutschen Strafgetzbuch. Schletter'sche Buchhandlung，1910.

23. Jescheck，Weigend，Lehrbuch des Strafrechts Allgeminer Teil，5. Auflage，Berlin：Duncker & Humblot，1996.

24. Hartwig Plate，Ernst Belin gals Strafrechtsdogmatiker，Berlin：Duncker & Humblot，1966.

25. Hillenkamp，Die Bedeutung von Vorsatzkonkretisierungen bei abweichenden Tatverlauf，Göttingen：Schwatz，1971.

26. Dreher，Der Irrtum über Rechtsfertigungsgründe，in：Festschrift für Heinitz，Berlin：Walter de Gruyter，1972.

27. Jakbos，Der strafrechtliche Handlungsbegriff，München：C. H. Beck，1992.

28. Jhering，Das Schuldmoment im römischen Privatrecht，Giessen：Roth，1867.

29. Kaufmann，Die Dogmatik der Unterlassungsdelikte，2. Aufl.，Göttingen：Schwartz，1988.

30. Kindhäuser，Intentionale Handlung-Sprachphilosophische Untersuchungen zum Verständnis von Handlung im Strafrecht，Berlin：Duncker & Humblot，1980.

31. Laufhütte，Rissing-van Saan und Tiedemann，Leipziger Kommentar，12. Aufl.，Berlin：De Gruyter，2006.

32. Schmidt，strafrechtsreform und Kulturkrise，Tübingen：Mohr，1931.

33. Lampe, Das personale Unrecht, Berlin: Duncker & Humblot, 1967

34. Liszt, Lehrbuch des Deutschen Strafrechts. 22. Auflage. Berlin: De Gruyter, 1919.

35. Liszt-Schmidt, Lehrbuch des deutschen Strafrechts, 26 Aufl., Berlin: de Gruyter, 1932.

36. M. E. Mayer, Der Allgemeine Teil des deutschen Strafrechts Lehrbuch, Heidelberg: Carl Winters Universitätsbbuchhandlung, 1915.

37. Maurach/Zipf, Strafrecht Allgemeiner Teil, Teilband I, Hcidelberg: C. F. Müller Juristischer Verlag, 1992.

38. Mezger, Moderne Wege zur Strafrechtsdogmatik, Berlin: Duncker & Humblot, 1950.

39. Mommsen, Römmisches Strafrecht, Leipzig: Duncker & Humblot, 1899.

40. Rüping, Grundriß der Strafrechtsgeschichte, 4. Aufl., München: C. H. Beck Verlag, 2002.

41. Radbruch, Der Handlungsbegriff in seier Bedeutung fur das Strafrechtssystem. Zugleich ein Beitrag zur lehre von der rechtswissenschaftlichen Systematik, Berlin: Guttentag Verlag, 1904.

42. Safferling J. M., Vorsatz und Schuld-Subjektive Täterelemente im deutschen und englischen Strafrecht, Tübingen: Mohr, 2008.

43. Schaffstein, Die Allgemeinen Lehren vom Verbrechen in ihrer Entwicklung durch die Wissenschaft des gemeinen Strafrechts, Berlin: Springer, 1930.

44. Mezger, Strafrecht ein Lehrbuch, München und Leipzig: Duncker & Humblot, 1931.

45. Schönke/Schröder/Lenckner, StGB Kommentar, 28. Aufl., München: C. H. Beck Verlag, 2010.

46. Schiller, Materielles Rechtsdenken in der Rechtssprechung des Reichsgerichts zu den Grundbegriffen der Verbrechenslehre, Leipzig Universität：juristische Fakulität, 1938.

47. Schüler, Der Mangel am Tatbestand, Breslau：Schletter, 1914.

48. Schünemann, Grundfragen des modernen Strafrechtssystems, Berlin. u. a.：de Gruyter, 1984.

49. Somlo, Juristische Grundlehre, Leipzig：Meiner Verlag, 1927.

50. Strafgesetzbuch Leipziger Kommentar, Berlin：De Gruyter, 11. Aufl., 1992.

51. Beling, Die Grundzüge des Strafrechts, 9. Aufl, Tübingen：Mohr, 1925.

52. Sturm, Die strafrechtliche Verschuldung, Breslau：Schletter, 1902.

53. Gürtner, Das neue Strafrecht, grundsätzliche Gedanken zum Geleit, 2. Aufl., Berlin：v. Decker, 1936.

54. Röttger, Unrechtsbegründung und Unrechtsausschluß nach den finalistischen Straftatlehren und nach einer materialen Konzeption, Berlin：Duncker & Humblot, 1993.

55. Weber, Grundriss des deutschen Strafrechts, Bonn：Dümmler, 1948.

56. Weber, Zum Aufbau des Strafrechtssystems, Fromann：Jena, 1935.

57. Welzel, Das deutsche Strafrecht, 11. Aufl., Berlin：Walter de Gruyter, 1969.

58. Welzel, Um die finale Handlungslehre—eine Auseinandersetzung mit ihren Kritikern, Tübingen：Mohr, 1949.

59. Welzel. Abhandlungen zum Strafrecht und zur Rechtsphilosophie. Berlin u. New York：Walter de Gruyter, 1975.

60. Welzel. Das neue Bild des Strafrechtssystems, Göttingen: OTTO Schwartz, 1961.

61. Welzel. Naturrecht und Rechtspositivismus, in: Abhandlungen zum Strafrecht und zur Rechtsphilosophie, Berlin: De Gruyter, 1975.

62. Reichel, Gesetz und Richterspruch, Zur Orientierung über Rechtsquellen- und Rechtsanwendungslehre der Gegenwart, Zürich: Füssli, 1915.

二、学 术 论 文

（一）中文类

1. 周光权:《犯罪构成要件理论的论争及其长远影响》,载《政治与法律》2017 年第 3 期。

2. 邹兵建:《非法持有枪支罪的司法偏差与立法缺陷——以赵春华案及 22 个类似案例为样本的分析》,载《政治与法律》2017 年第 8 期。

3. 谢望原:《论拒不履行信息网络安全管理义务罪》,载《中国法学》2017 年第 2 期。

4. 周光权:《行为无价值论与结果无价值论若干问题研究》,载《政治与法律》2015 年第 1 期。

5. 彭文华:《犯罪构成论体系的逻辑构造》,载《法制与社会发展》2014 年第 4 期。

6. 谢望原、柳忠卫:《犯罪成立视野中的违法性认识》,载《法学评论》2003 年第 3 期。

7. 徐育安:《费尔巴哈之故意理论及影响——以德国刑法为核心》,载《政大法学评论》2009 年第 109 期。

8. 刘幸义:《罪刑法定原则的理论与实务批判(上)》,载《月旦知识库》1994 年第 5 期。

9. 张亚平、郑永川:《故意在大陆法系犯罪论体系中的地位》,载刘明祥、张天虹主编:《故意与错误论研究》,北京大学出版社 2016 年版。

10. 杜国伟、姜金良:《故意的犯罪理论的体系归属再认识》,载刘明祥、张天虹主编:《故意与错误论研究》,北京大学出版社 2016 年版。

11. 林钰雄:《故意的双重定位——以误认阻却违法事由前提事实为例》,载刘明祥、张天虹主编:《故意与错误论研究》,北京大学出版社 2016 年版。

12. 蔡圣伟:《“误想防卫”与谈稿》,载刘明祥、张天虹主编:《故意与错误论研究》,北京大学出版社 2016 年版。

13. 徐恒达:《论误想防卫》,载刘明祥、张天虹主编:《故意与错误论研究》,北京大学出版社 2016 年版。

14. 劳东燕:《罪责的社会化与规范责任论的重构——期待可能性理论命运之反思》,载《南京大学学报(社会科学版)》2009 年第 2 期。

15. 陈兴良:《论犯罪构成要件的位阶关系》,载《法学》2005 年第 4 期。

16. 陈兴良:《违法性认识研究》,载《中国法学》2005 年第 4 期。

17. 陈兴良:《转型中的中国犯罪论体系》,载《现代法学》2014 年第 1 期。

18. 王莹:《论法律认识错误——德国禁止错误理论的变迁及其对我国犯罪构成理论改造的启示》,载《刑事法评论》2009 年第 1 期。

19. 刘艳红:《注意规范保护目的与交通过失犯的成立》,载《法学研究》2010 年第 4 期。

20. 蔡桂生:《论故意在犯罪论体系中的双层定位——兼论消极的构成要件要素》,载《环球法律评论》2013 年第 6 期。

21. 张小宁:《日本的行为论之争及最新研究趋向》,载《学术界》2014 年第 11 期。

22. 孙运梁:《故意在犯罪论体系中的地位之研究》,载《刑法论丛》2013 年第 4 期。

23. 劳东燕:《刑法中的客观不法与主观不法——由故意的体系地位说起》,载《比较法研究》2014 年第 4 期。

24. 张明楷:《行为无价值论的疑问——兼与周光权教授商榷》,载《中国社会科学》2009 年第 1 期。

25. 周光权:《行为无价值论与主观违法要素》,载《国家检察官学院学报》2015 年第 1 期。

26. 黎宏:《行为无价值论与结果无价值论:现状与展望》,载《法学评论》2005 年第 6 期。

27. 张明楷:《犯罪构成理论的课题》,载《环球法律评论》2003 年第 3 期。

28. 陈兴良:《四要件:没有构成要件的犯罪构成》,载《法学家》2010 年第 1 期。

29. 黎宏:《行为无价值论批判》,载《中国法学》2006 年第 2 期。

30. 梁根林:《论犯罪化及其限制》,载《中外法学》1998 年第 3 期。

31. 王充:《论德国古典犯罪论体系——以贝林(Beling)的构成要件理论为对象》,载《当代法学》2005 年第 6 期。

32. 郑军男:《德日构成要件理论的嬗变——贝林及其之后的理论发展》,载《当代法学》2009 年第 6 期。

33. 陈兴良:《刑法教义学与刑事政策的关系:从李斯特鸿沟到罗克辛贯通——中国语境下的展开》,载《中外法学》2013 年第 5 期。

34. 周光权:《行为无价值论与积极一般预防》,载《南京师范大学学报(社会科学版)》2015 年第 1 期。

35. 周光权:《行为无价值论与主观违法要素》,载《国家检察官学院学报》2015 年第 1 期。

36. 张明楷:《行为无价值论的疑问——兼与周光权教授商榷》,载《中国社会科学》2009 年第 1 期。

37. 李运平:《储槐植:要正视法定犯时代的到来》,载《检察日报》,2007 年 6 月 1 日第 3 版。

38. 车浩:《法定犯时代的违法性认识错误》,载《清华法学》2015 年第 4 期。

39. [日]松宫孝明:《犯罪论体系再考》,张小宁译,载《中外法学》2008 年第 4 期。

40. 劳东燕:《结果无价值论与行为无价值论之争的中国展开》,载《清华法学》2015 年第 3 期。

41. 周光权:《违法性认识不是故意的要素》,载《中国法学》2006 年第 1 期。

42. 周啸天:《行为、结果无价值理论哲学根基正本清源》,载《政治与法律》2015 年第 1 期。

43. [德]克劳斯·罗克辛:《德国犯罪原理的发展与现代趋势》,王世洲译,载梁根林主编:《犯罪论体系》,北京大学出版社 2007 年版。

44. 张明楷:《阶层论的司法运用》,载《清华法学》2017 年第 5 期。

45. 王世洲:《现代刑罚目的理论与中国的选择》,载《法学研究》2003 年第 3 期。

46. 邵睿:《行为理论之比较研究——兼论人格行为论的合理性》,载《烟台大学学报(哲学社会科学版)》2014 年第 6 期。

47. 王刚:《论我国刑罚理论研究中的四个误区——刑罚目的一元论之提出》,载《法学论坛》2012 年第 1 期。

48. 欧阳本祺:《具体的打击错误:从故意认定到故意归责》,载《法学研究》2015 年第 5 期。

49. 梁根林:《责任主义原则及其例外——立足于客观处罚条件的考察》,载《清华法学》2009 年第 2 期。

(二) 德文类(含纪念文集)

1. Ambos, Ernst Belings Tatbestandslehre und unser heutiger „postfinalistischer“ Verbrechensbegriff, in: Jurischtische Arbeitsblätter, 2007.

2. Beling, Nachtrag zum Literaturbericht, In: ZStW, 1921.

3. Cerezo Mir, Der Einfluss von Welzel und der finalen Handlungslehre im Allgemeinen in der Strafrechtwissenschaft von Spanien und den iberoamerikanischen Ländern, in: ZIS, 2005.

4. Dreier, Kants Republik, in: Juristen Zeitung, 2004.

5. Engisch, Der finale Handlungsbegriff, in: Probleme der Strafrechtserneuerung, FS für Kohlrausch, Berlin: de Gruyter, 1944.

6. Foinitzki, in: Liszt(Hrsg.), Die Strafgesetzgebung der Gegenwart Bd. 1, 1894.

7. Gallas, zum gegenwärtigen Stand der Lehre vom Verbrechen, in: ZStW, 1955.

8. Hirsch, Der Streit um Handlungs- und Unrechtslehre, insbesondere im Spiegel der Zeitschrift für die gesamte Strafrechtswissenschaft, in: ZStW, 1981.

9. Hirsch, Der Streit um Handlungs- und Unrechtslehre, insbesondere im Spiegel der Zeitschft für die gesamte Strafrechtswissenschaft, in: ZStW, 1982.

10. Platzgummer, Die „Allgemeinen Bestimmungen" des Strafgesetzentwurfes im Licht der neueren Strafrechtsdogmatik, in: Juristischer Blätter, 1971.

11. Jescheck, Die Entwicklung des Verbrechensbegriffs in Deutschland seit Beling im Vergleich mit der österreichischeschen Lehre, in: ZStW, 1961.

12. Jescheck, Friedrich Nowakowski als Strafrechtsdogmatiker und Kriminalpolitiker, in: ZStW, 1991.

13. Joerden, Der auf die Verwirklichung von zwei Tatbeständen gerichtete Vorsatz, in: ZStW, 1983.

14. Kaufmann A., Der dolus eventualis im Deliktsaufbau-Die Auswirkungen der Handlungs- und der Schuldlehre auf die Vorsatzgrenze, in: ZStW, 1958.

15. Kindhäuser, Objektive und subjektive Zurechnung beim Vorsatzdelikt, in: Festschrift für Joachim Hruschka zum 70. Geburt-

stag，2005.

16. Maihofer，Zur Systematik der Fahrlässigkeit-Die sog. Vier Maßstäbe der Fahrlässigkeit als Grundelemente einer personalen Zurechnungslehre，in：ZStW，1958.

17. Nowakowski，Rechtsfeindlichkeit，Vorsatz und Schuld，in：ZStW 1953.

18. Otto，Personales Unrecht，Schuld und Strafe，in：ZStW，1975.

19. Roxin，Unterlassung，Vorsatz und Fahrlässigkeit，Verusch und Teilnahme im neuen Strafgesetzbuch，in：JuS，1973.

20. Roxin，Zur Kritik der finalen Handlungslehre，in：ZStW 1962.

21. Hegler A.，Festgabe für Reinhard von Frank zum 70. Geburtstag，Tübingen：Mohr，1930.

22. Welzel，Das Studium zum Strafrecht，in：ZStW，1939.

23. Welzel，Die deutsche strafrechtliche Dogmatik der letzten 100 Jahre und die finale Handlungslehre，in：JuS，1966.

24. Welzel，Persönlichkeit und Schuld，in：ZStW，1941.

25. Willer，Von der Entstehung eines sozialistischen Strafrecht，in：Zeitschrift der Savigny-Stiftung für Rechtsgeschichte，2011.

26. Schünemann，Die deutschsprachige Strafrechtswissenschaft nach der Strafrechtsreform im Spiegel des Leipziger Kommentars und des Wiener Kommentars，Teil 1：Tatbestands- und Unrechtslehre，in：GA，1985.

27. Roxin，Schuld und Verantwortlichkeit als Systemkategorien，in：FS für Henkel，Berlin：De Gruyter，1974.

图书在版编目(CIP)数据

阶层犯罪论体系中故意的体系地位研究/朱奇伟著
.—上海:上海人民出版社,2024
ISBN 978-7-208-18628-6

Ⅰ.①阶… Ⅱ.①朱… Ⅲ.①犯罪学 Ⅳ.①D917

中国国家版本馆 CIP 数据核字(2023)第 206353 号

责任编辑 冯 静 宋子莹
封面设计 一本好书

阶层犯罪论体系中故意的体系地位研究
朱奇伟 著

出 版 上海人民出版社
(201101 上海市闵行区号景路 159 弄 C 座)
发 行 上海人民出版社发行中心
印 刷 苏州市古得堡数码印刷有限公司
开 本 635×965 1/16
印 张 12.75
插 页 2
字 数 164,000
版 次 2024 年 1 月第 1 版
印 次 2024 年 1 月第 1 次印刷
ISBN 978-7-208-18628-6/D·4230
定 价 58.00 元